至善館講義
シリーズ

Shizenkan University
Graduate School of Leadership and Innovation

経営リーダーのための社会システム論

構造的問題と僕らの未来

宮台真司×野田智義

光文社

記念すべき至善館講義シリーズの第一弾である本書を、
故・栗島正和さんに捧げる。

Prologue

プロローグ

社会という荒野を仲間とともに歩く

——野田智義

社会と未来にどう向き合うか

社会はどうなっているのだろう？
未来はどうなっていくのだろう？

僕らは社会の中で社会の一員として生きていても、ふだんそんなことはあまり考えない。仕事のこと、家族や友人のこと、何より自分自身のことを考えるのに精一杯だし、そうやって多忙な日々を送っている。

でも、当たり前の話だが、社会は僕らにとって不可欠なものだ。

２００５年の春、チベット仏教の最高指導者、ダライ・ラマ14世が来日した折、僕は両国国技館で開かれた講演を聴きに行った。

そのとき、ダライ・ラマは「人間は社会的動物であり、社会の一員としてしか生きられない」と語った。その声は今でも僕の耳の奥で響いている。

そう。僕らは社会なしに生きていけない。

その社会の「底」が抜けてしまっている。日本だけでなく、世界のあちこちで社会の底が抜ける現象が起き、多くの課題が僕らに降りかかっている。

社会人として、市民として、リーダーとして、そして一人の人間として、僕らは社会とその未来にどのように向き合うべきなのだろうか。どのように向き合いたいのだろうか。これが本書を貫く問題意識だ。

だが、そんなことを言うと、社会の底は抜けてなんかいない、という反論がすぐに返ってくるだろう。実際にそう認識している人は多いし、とりわけビジネスパーソンにはその傾向があるように思う。

確かに今、僕らの社会は暮らしやすくなっている。日本ではコンビニエンスストアに行けば、24時間いつでもお弁当やドリンクが買える。いや、わざわざコンビニに行かなくても、ネット通販で好きなときに買い物ができて、翌日には商品が送られてくる。

ソーシャルメディアを使えば、友だち、同級生の動向が手に取るようにわかる。共通の関心を持つ世界中の人々と簡単につながることもできる。スマートフォンのGPS機能を使えば、自分の子どもが学校帰りにどこで道草を食っているのかがわかるし、その子が犯罪に巻き込まれるリスクにも備えられる。行政や民間のサービスも充実しており、遠方に住む高齢の両親の介護や見守りを依頼できる。

まさに「安全・快適・便利」――。そんな暮らしを僕らは享受している。社会のどこに問題があるのだと怒られてしまいそうだ。

でも考えてほしい。すべての物事には表と裏、光と影がある。安全・快適・便利を手に入れるのと引き換えに、実は僕らは多くのものを失っている。廃《すた》れてしまった商店街、近所づき合いのない生活、近くにいても心を本当には許せない人間関係、ネット空間で繰り広げられる匿名の攻撃や誹謗中傷。社会は高度に進歩したはずなのに、何か大切なものが失われた。そんな中、自分は何を大事にして生きているのか、自身の存在についての不確かささえ感じ始めている僕らがいるのではないだろうか。

本書は、21世紀を体現するグローバルなビジネススクールである大学院大学至善館《しぜんかん》における講義を再現するものだ。至善館は、20世紀に生まれた欧米型のビジネススクールを、この日本から、そしてアジアから革新し、世界と未来が求める全人格経営リーダーを輩出せんとしている最先端の教育機関だ。ビジネススクールとデザインスクールの融合、イノベーションとヒューマニズムの両立、西洋の合理性と東洋の精神土壌の橋渡しを目指して、日本発・世界初のリーダーシップ教育を実践している。そのカリキュラムの中核を成しているのが、本書で紹介する社会システム理論を含むリベラルアーツにほかならない。

なぜ、経営リーダーたる経営者や起業家に、社会について考えてもらいたいのか。その理由は二つある。

一つは、ビジネスは社会の中に存在するものだからだ。コンシャス・キャピタリズム（意識的な資本主義）の提唱者であるジョン・マッキー（米国ホールフーズマーケットの共同創業者）が言うように、「社会はビジネスを必ずしも必要としないが、ビジネスは社会を必要とする」。社会なくしてビジネスは存在しないし、ビジネスは社会からライセンス・ツー・オペレートを与えられて存在するにすぎない。至善館の応援団長であった小林陽太郎さん（故人。元富士ゼロックス会長、元経済同友会代表幹事）も、企業は株主のものだという主張に対し、「社会の一つのステークホルダーとして企業が存在し、企業の一つのステークホルダーとして株主が存在するのだ」と警鐘を鳴らし続けた。今、グローバル規模で、アメリカを中心に世界を席巻したシェアホルダー資本主義から、再度、ステークホルダー資本主義へと振り子が揺れる中、社会というものを深く理解することは、経営リーダーのみならず、企業人にとって不可欠なことだと思う。

もう一つは、もっと実利的、実務的な要請からだ。それは、これからのビジネスのあり方、ビジネスモデルを考えるときに、さらには組織や経営のあり方を考えるうえで、社会と社会を構成する人のニーズ・ウォンツを深く理解することが不可欠だからだ。

具体的に説明しよう。

かつてのビジネスは、物質的な豊かさを求める人々と社会に、画一的な商品やサービスを大量生産・大量消費のモデルで提供していた。しかし、そんな時代は、少なくとも日本ではとうの昔に終わっている。日本に限らず、モノのあふれる国々では人々と社会のニーズやウォンツが多様化し、しかも洗練されてきているため、かつてのモデルはもはや通用しない。

この20年、デザイン思考というアプローチが世界で流行しているが、そのことはビジネス界が置かれている現状をよく表している。デザイン思考は、人と社会が潜在的に持っているニーズ・ウォンツを観察し、そこに共感するところから始まる。人々はどんなふうに喜怒哀楽を感じ、どんな不安や不満を抱えているのか、社会にはどのような課題や不条理が存在しているのか、そうしたことを読み取り、新たな商品・サービスや事業の可能性を見いだしていく。

つまり、これは社会やそこに暮らす人々の動向を知ろうとするアプローチと言い換えてもよい。すでに多くのビジネスパーソンや経営者は、社会の変化を理解することの重要性、単に社会の表面をなぞるのではなくて、変化をもたらしている原動力（ドライバー）を見抜いて社会の未来を洞察することの重要性に気づいているはずなのだ。

ところが、ビジネスや経営に関する従来の学問（マーケティングや戦略論といったビジネススクールで提供されてきた学問）には、社会の変化を理解し、未来を洞察するための骨太な枠組みや理論が存在しない。

「本当に？」といぶかしむ人がいるかもしれないが、世界のビジネススクールでＭＢＡコースの学生や企業のエグゼクティブを相手に、マイケル・ポーター流産業分析論やジェイ・バーニー流経営資源アプローチ、チャン・キム流ブルーオーシャン戦略といった戦略的枠組みを教えてきた僕がそう言うのだから信じてもらうしかない。

では、社会の変化を分析し、未来を展望する枠組みや理論を提供するのはどんな学問なのか。それは、かつては教養に位置づけられてきたリベラルアーツの領域、とりわけ社会学だ。中でも社会システム理論は、社会と人々の関係が過去から現在にかけてどのように変わり、未来に向けてどのように変わっていくのかを明確に伝えてくれるし、僕らにとっての強力な武器となる。

経営学者である僕が、社会学者であり知の巨人である宮台真司とタッグを組み、本書をお届けする理由はまさにここにある。

読者が、世界の多様性の中で生き、未来を拓く経営リーダーを目指しているならば、本書で紹介する原理と枠組みをぜひ頭の中に叩き込んでいただきたいと僕らは願っている。リベラルアーツは単なる教養などではけっしてない。社会の変化を理解し、未来を洞察するという経営リーダーにとっての必須スキルを涵養《かんよう》してくれるものだ。講義録の体裁をとった本書を通じて、骨太な世界観・歴史観・未来観に基づいた全体俯瞰《ふかん》的・包括的な視座、さらには変化を予測する思考法を獲得してほしい。

蛇足になるが、本書では、いくつもの映画やドキュメンタリーを紹介している。宮台真司はプロの映画評論家だし、まったく比較にならないものの、僕も無類の映画好きだ。社会というものをクラスルームの講義だけで理解することはほとんど不可能だ。実際にはフィールドに出て、その現実と向き合う必要があるのだが、時間と物理的な制約からそれも難しい。したがって、読者のみなさんには、僕らが本書で言及するいくつかの映像を、ぜひ本書に併せて見ていただければ、より理解が深まるはずだ。そして、映像体験は、人間という存在への感受性（センシティビティ）を高めてくれる。

出発点となる問い

再び、本書の問題意識に戻ろう。まずは読者であるあなたに「問い」を投げかけさせてもらいたい。そう、すべては「問い」から始まる。

○日本では社会の底が抜けている。経済回っても社会回らずの状態になってしまっている。だから経済が回らなくなると、僕らはたちまちドボンする。これが僕らの結論だが、あなたはどう思うだろうか。

○僕らの結論にあなたが同意してくれるとしたら、あなたは何がこの問題を引き起こしていると考えるだろうか。社会に変化を生み出している原動力となるものは一体何だろうか。それをあなたはどう説明できるだろうか。

○未来にも目を向けよう。インターネットや人工知能（ＡＩ）、仮想現実（ＶＲ）・拡張現実（ＡＲ）

といった情報デジタル技術の進展は、この社会をどのように変え、社会の中で生きる僕ら人間存在にどんなプラスやマイナスの影響を与えていくのだろうか。その影響をあなたはどう理解し、どのような未来を予測しているのだろうか。そして、あなたの予測する未来は、バラ色なのだろうか、それとも悲観に満ちているのだろうか。

○そもそもこうした変化は日本だけで起きているのだろうか。それともすでに世界全体を覆《おお》っているのだろうか。僕らは、日本社会は変化の影響を最も強く受けていると思っているが、あなたはどう思うだろうか。日本に特殊性があるとすれば、それをあなたはどう説明するのだろうか。

○成り行きのシナリオは脇に置くとして、あなたが展望するよりよい未来とはどんなものだろうか。その未来を展望するにあたって、あなたが自身の羅針盤としているものは何だろうか。あなたが描く未来を実現するために、あなたに求められるものは何だろうか。

どうだろうか。読者である今のあなたには、これら一連の問いに対して、整合的、かつ統合的に答えうるような頭の整理はまだできていないかもしれない。しかし、本書の全体を通して読んでいただけば、少なくとも、これらの問いについて考えるための手がかりはつかんでもらえると、僕らは確信している。あなたが僕らの展開する議論に合意するかどうかは別として、僕らの提示する枠組みと理論は、複雑に絡み合った社会と未来という現象を、より明確に理解するだけの補助線をあなたに提供するはずだ。

本書を読み進めるにあたって

本書でカバーする領域は広く、かつ学際的だ。社会システム理論を中心に議論を進めつつ、政治学、哲学、心理学、生物学などの知見を随所に取り入れている。その結果、他に類を見ないユニークな一冊に仕上がったと自負しているが、だからこそ、冒頭で概略を手短に示しておきたい。あらかじめ議論の全体像をつかみ、章ごとのフォーカスとキーワードを頭に入れてから各章を読み進めてもらう方が、僕らの主張を理解していただきやすいと思う。

まずは「社会の底が抜けた状態」について整理する。ひと言で言えば、それは「汎システム化＝システム世界の全域化」という現象によって生じる。

ファミリーレストランやコンビニ、SNSやマッチングアプリなどのネットサービス、あるいは民間と行政が支える医療・介護制度、これらはいずれもシステムによって提供されている。システムは安全・快適・便利な暮らしを僕らにもたらしてくれる。

だが、システムの拡張は不都合な真実を僕らに突きつける。それは、人はシステムに依存していると、次第にシステムの一部と化し、もっと言えば、「システムの奴隷」になってしまうということだ。

かつてアメリカの喜劇王チャールズ・チャップリンは、代表作『モダン・タイムス』（１９３６年）の中で、工業化が進んだ文明社会では人間は機械の一部になってしまうという強烈な風刺を行った。この風刺は、ＧＡＦＡＭ（Google、Amazon、Facebook、Apple、Microsoft）に代表される巨大プラットフォーマーが台頭し、テクノロジーを駆使したシステムが張り巡らされるようになった今、より一層現実味を帯びている。

近年、温暖化・気候変動の進行の中で、地球環境と人間文明の持続可能性への懸念が世界中で叫ばれている。人類の活動はプラネタリーバウンダリー（地球の限界）に到達してしまい、まさにティッピングポイントを超えんとしている。しかし、それと同じくらいに危惧されるのが、人間が人間らしくあり続けることはできるのかというヒューマニズムの持続可能性であると、僕らは真剣に考えている。

汎システム化とヒューマニズムの持続可能性の危機にいかにして対峙すべきなのか。この問題意識に取り組むにあたって、本書では、「生活世界」と「システム世界」の対比を議論の出発点に置く。生活世界の象徴は地元商店、システム世界の象徴はコンビニだ（といっても、僕自身、コンビニの大の愛用者だし、知り合いにコンビニ経営者も多数おり、その事業自体には何の恨みもないことを釈明しておく）。前者においては、店主と客がお互いに顔見知り同士で、そこでのやりとりは人間らしい感情をともなっている。これに対し、後者では、店員と客は互いに名前も知らないことが多く、両者のやりとりはマニュアルに従うだけで基本的に感情はともなわない。このシステム世界が生活世界を徐々に侵食し、やがて完全に取って代わるのが汎システム化（システム世界の全域化）にほかならない。

汎システム化は、社会と人々の関係性と存在を大きく変化させる。

なぜか。キーワードは「過剰流動性」と「入れ替え可能性」だ。

システムを支えるのは市場であり（正確に言えば市場もシステムだが）、流動的な労働市場では、雇用主はいつでもどこでも最適なコストで人を雇うことができる。だが、雇われる側の立場はどうだろうか。そう、彼ら彼女らは入れ替え可能なのだ。コンビニの店員は「彼・彼女」である必要はない。店員の要件を備えていて、条件面で店側と合意できるのであれば、別の「彼・彼女」であってもかまわない。

いや、コンビニ店員だけではない。システムにかかわる人々は誰もが過剰流動性にさらされ、入れ替え可能と見なされるようになる。大企業に勤務するエリート社員であっても、霞が関の官僚であっても、政治家であっても、程度の差こそあれ同様だ。

そして困ったことに、そうした状況は僕ら一人ひとりの人間存在を変化させるのだ。生活世界が色濃く残る社会では地域共同体のかけがえのない一員だったはずの自分が、いつの間にかシステムが生み出す過剰流動性の中で、取り換え可能な部品になってしまったような感覚に襲われる。自分は誰に必要とされているのか？　誰が自分を自分として認めてくれるのか？　自分は一体何者なのか？　僕らは自分の人間存在をめぐる不安から逃れられなくなるのだ。

社会の底が抜けるとはどういうことなのか、ここまで読んでいただけば、だいたい想像はつくと思う。そんなのは困る、そんなのは嫌だと感じる人もいるかもしれない。でも、この変化は容易には止められない。システム世界の全域化が起きているのは、僕ら一人ひとりが安全・快適・便利を追い求める欲望の持ち主だからだ。地域の商店街よりも、コンビニについつい足を向けてしまう僕ら一人ひとりの何気ない行動が、まさにこうした欲望を体現しているのだ。

それならば、システムからメリットだけを受け取り、デメリットを排除すればいいではないかと考える人もいるかもしれないが、残念ながらそれも不可能だ。なぜなら社会は「つまみ食い」や「いいとこ取り」を許さない。よいところも悪いところも一緒に受け入れざるをえないものだからだ。

そうした中、僕らはどのように未来を設計し、実現していくべきなのか。そもそもどんな選択肢がありうるのだろうか。そのことを読者のみなさんに僕らとともに考えていただけたらと思う。

本書で提示する理論的枠組みはすべて宮台真司のオリジナルであり、宮台社会学の集大成とも言えるものだ。経営学者の僕は20年間にわたって彼に議論を挑み、その枠組みの洗練と深化をサポートしてきた。いわばプロデューサー兼編集者といった立場だ。本書でも、全体構成を担当し、僭越ながら、各章の導入とまとめを書かせていただいている。そもそも、本書の元となっている至善館での講義を設計し実施するにあたって、何度も2人で話し合い、できるかぎりシンプルに、かつ全体が整合するよう構成に配慮したつもりだが、背景となる理論はきわめて高度であり、議論展開も大胆であるため、この分野に知見のない方には、壮大な宮台社会学の全体像をきちんと理解いただくことはけっして容易ではないだろう。したがって、読者のみなさんの理解を促進する補助線として、このプロローグにおいて、僕から、全体フローと各章のテーマを、重要となるキーワードを示しながら説明しておく。

まず第1章では、社会が直面する課題の本質を理解するために、「構造」という概念を紹介する。そしてその象徴として、「構造的貧困」というキーワードを取り上げる。構造的貧困は、社会を構成する僕ら人間が、中途半端に合理的であり、近視眼的であることから生じる。自分たちの意思で主体的に選択したことが、あたかも時空を超えた合成の誤謬《ごびゅう》となって、自分たちを結果的に苦しめているのだ。

第2章では、第1章の理解を出発点としながら、現在進行形の構造的問題である「汎システム化」を取り上げる。ここでは、戦後の日本の社会の変遷を振り返りながら、「安全・快適・便利」という僕ら一人ひとりの欲望が生み出す「システム世界の全域化」の力学を説明する。ここでのキーワードは、「2段階の郊外化」だ。

第3章は、システム世界の全域化がもたらす不気味な人間存在の変容を解説する。動機不可解な殺人、ネトウヨ、高齢者クレーマーなどがなぜ生み出されるのか。その背景となる「過剰流動性」、「入れ替え可能性」という原理、それがもたらす「感情の劣化」というキーワードに眼を向ける。そのうえで、「ホームベース」となりうる共同体の重要性を主張する。

第4章では、現代のネット社会と対峙する。インターネット上の人間関係は、かつての地域共同体の人間関係を代替しうるのだろうか。僕らの結論は、否である。むしろネットが持つ属性主義は、「人間関係の損得化」をもたらす。僕らは2段階の郊外化をへて今、「3段階めの郊外化」のプロセスを生きている。

第5章では、視点を社会の統治者の立場に転換する。社会には秩序が必要であり、そのために統治が必要だ。しかし、システム世界の全域化は、感情の劣化を通じて、社会の統治の前提となっていた「個人の主体性」を頽落《たいらく》させ、「統治コスト」を増大させる。また、近代国家は、「われわれは仲間=国民である」という意識を前提としていたが、この「われわれ意識」の希薄化こそが、民主政を世界中で機能不全に陥らせ、国家というマクロレベルでの社会の統治を困難にしている。この章では、社会の統治が抱える矛盾を理解したうえで、統治コストの増大に際して、ハイ・テクノロジー（テック）の進歩とともに到来した監視社会（中国の垂直型モデル、欧米の水平型モデル）の是非と未来についても議論する。

第6章は、第5章を受けて、汎システム化にどう向き合うかという選択肢を吟味する。ここでは、伝統的なヨーロッパ的アプローチと、伝統的なアメリカ的アプローチを対比させる。後者を象徴するのが、「マクドナルド化」と「ディズニーランド化」というキーワードだ。現代では、このアメリカ的アプローチをさらにテックの活用で推し進める「新反動主義」が現れ、その思想に基づく社会実装が進んでいる。

第7章では、未来に向けての展望を描く前提として、そもそも「よい」社会とは何かを議論する。講義の形をとっているものの、ここでの議論は、宮台真司と僕の価値観を反映したものでもあることをあらかじめお断りしておく。「感情の越えられない壁」と「感情のインストール」というキーワードを念頭に置きながら、僕らはどのような感情を持つ人々を仲間（＝社会の成員）としたいのか、そのためにどのような育ち上がりの環境を構築する必要があるのか、議論を掘り下げていく。最終章である第8章では、試論として、未来に向けての僕らの処方箋を提示する。ここで重要となるのは、「生活世界」対「システム世界」、「テック」対「反テック」という二項図式に陥らないことだ。そのうえで、システムとテックを最大限に活用しながらの（疑似）共同体の再構築の可能性を展望する。マクロ全体を変えるのは不可能であることを前提に、ミクロからの波及を意図するものだ。そして、その挑戦を主導できる「2階（半地下）の卓越者」と呼ぶリーダーの条件を明らかにしていく。

改めてキーワードだけをまとめると、以下のようになる。

第1章：構造的貧困／自律的依存・他律的依存
第2章：安全・快適・便利／2段階の郊外化／システム世界の全域化
第3章：過剰流動性・入れ替え可能性／感情の劣化／ホームベースの再構築
第4章：ネットの属性主義／3段階めの郊外化／人間関係の損得化

第5章：われわれ意識／統治コスト／垂直型・水平型監視社会
第6章：マクドナルド化・ディズニーランド化／新反動主義
第7章：感情の越えられない壁／感情のインストール
第8章：共同体自治の再構築／2階（半地下）の卓越者／ミメーシス（感情的模倣）

おそらく読者のみなさんにとってはなじみの薄い言葉ばかりだろう。だが、これらのキーワードが意味する概念や事象について知れば知るほど、みなさんの現実を理解する力、未来を予見する力、人という存在と社会の営みの本質に迫る力は格段に向上していくはずだ。

ただし、未来の設計は必ずしも論理的な帰結から導かれるものではないということだけは再度強調しておきたい。コンピュータ科学者のアラン・ケイが述べているように、未来は選択するものだし、選択の主体は僕たちだ。選択肢の幅は外部要因によっても規定されるが、その幅の中から実際の未来を選び取るのは僕らであり、その際に問われるのは、僕ら一人ひとりが「どのような社会をよいと考えるのか」という価値観にほかならない。したがって、本書は、単に知識や思考法を身につけてもらうためのものではない。みなさん一人ひとりに、自分は何者か、何に挑戦するのかを問いかける触媒を提供するものだ。

では講義を始めよう。僕らの眼前に広がるのは、「社会という荒野を仲間とともに歩く」という挑戦だ。それは、過去から現在にかけての社会と人々の変化の道筋をともに振り返るとともに、現在から未来に向けたアクションとその可能性を模索せんとする体験だ。宮台真司による大胆かつ精緻な理論の展開を堪能しつつ、ビジネスパーソンが日頃関心を持ちづらい知の体系がいかに有意義でスリリングなものなのかを、実際に至善館の講義に参加している気分になって存分に楽しんでほしい。

至善館講義シリーズ

経営リーダーのための社会システム論［目次］

Contents

プロローグ

社会という荒野を仲間とともに歩く――野田智義

第1章

構造的問題とは何か

第2章

2段階の郊外化とシステム世界の全域化

第3章 郊外化がもたらす不全感と不安

第4章

3段階めの郊外化と人間関係の損得化

第5章

「われわれ意識」が喪失した社会をどう統治するか

第6章 神格化するテック、動物化する人間

第7章

あなたにとって「よい社会」とは？

第8章

共同体自治の確立とリーダーの条件

エピローグ

天才・宮台真司の絶望と希望——野田智義

Chapter 1

第1章

構造的問題とは何か

講義をスタートするにあたって、初めに読者にお尋ねしたい。みなさんは、社会が抱える問題の本質をどのように把握し、理解しているだろうか。経済発展は社会や共同体のあり方をどんなふうに変えてきたのだろうか。そして、グローバル化はその流れをどのように加速してきたのだろうか。ヨーロッパに、「地獄への道は善意で舗装されている」ということわざがある。僕らには、この不気味な言葉が、社会変容の実態を象徴的に表していると感じられるが、みなさんはどうだろうか。

本章では、まず社会学という学問が社会をどうとらえ、社会の変化をどのような視点で読み解こうとしているのかを説明していく。その際に重要となるのが、社会が抱える問題を、「構造的問題」として理解することだ。

読者のみなさんは、社会は人間がつくるものであり、自分たちの手で社会を自由にデザインして維持できると思っておられるのではないだろうか。しかし、実際にはまったくそうではない。予想もしなかった問題が起きてしまうこともあるし、そういう問題ほど容易に解決できなかったりする。社会は僕らの思い通りにならない。これこそが、僕らが学びのスタートにおいて目を背けずに確認すべき現実だ。そしてその理由を考えるうえで大きなヒントとなるのが「構造」という概念にほかならない。

では、本論に入っていこう。

モノカルチャーの落とし穴

宮台　われわれの社会では、よかれと思って始めたことが思い通りにいかなかったり、予想もしていなかった悪い結果を招いてしまったりすることがしばしばあります。しかも、一度そういうことが起きてしまうと簡単に元に戻すことはできず、場合によっては半永久的に変えられない可能性もあります。

そのことをわかりやすく説明しているのが「構造」という概念です。開発経済学の研究者として有名なスーザン・ジョージは、日本では1980年に翻訳出版された著書『なぜ世界の半分が飢えるのか』（小南祐一郎・谷口真里子訳、現在は朝日選書、原著は1976年）の中で、「構造的貧困」の普遍的なメカニズムと時間的な展開について述べています。

まずは、彼女が明らかにした実態に基づいてつくった寓話を紹介しましょう。

みなさんが、文明世界から隔絶した島の住民だとしましょう。生活は自給自足的で、昔ながらの素朴なやり方で農耕を営み、食料を手に入れています。暮らし向きはさほど豊かではありませんが、特に大きな不満も抱いてはいません。

そこに、あるとき、外の世界から宣教師がやってきます。宣教師は島での暮らしに備えて金属製の鍋、鍬《くわ》、鎌といった生活用具や農具を持ってきており、それらを見たみなさんは「ああ、便利そうな道具だな」と感じる。実際、宣教師にそれらの道具を借りて試しに使ってみるとやはりとても便利で、自分たちもそういった文明の利器を手に入れたいと思うようになる。

しかし、宣教師が持ってきた道具の数は限られています。みなさんは「もっと道具を貸してください」と頼んでみたものの、宣教師は「もっと欲しいなら、自分たちで島の外から買わなければならない。そのためにはお金が必要で、外の世界に何か物を売らなくてはいけない」と言います。

ここで登場するのがブローカー、つまり市場の中で売り手と買い手をつなぐ役割を果たす人です。この人はみなさんに対し、「お金が欲しいのであれば、自給自足のための作物を生産するのではなく、国際市場で売れる作物を生産した方がいい」とアドバイスしてくれます。「コーヒー豆、サトウキビ、カカオ、そういった作物を栽培して売れば、外貨が稼げるし、そのために必要なお金や資材は貸してあげるよ」

ブローカーの話を聞いて、みなさんはコーヒー豆をつくり始めることにしました。自給自足的な農耕をやめ、換金作物の栽培によって外貨を獲得する農耕へと移行することを決めたのです。その結果、島にはお金が入ってくるようになり、みなさんは金属製の鍋や鍬や鎌を自分たちで買いそろえることができるようになりました。それだけではありません。みなさんの豊かな暮らしぶりを知った周辺の島々の人たちも「あの島の住民のまねをすれば自分たちも豊かになれる」と考えて次々にコーヒー豆をつくり始めました。

いいですか。ここまでは何も悪いことは起こっていません。ところが、この後、大きな転換が生じます。ブローカーが突然、「コーヒー豆の買値を半分にします」と言いだしたのです。「いや、そんな安い値段では売れないよ」。みなさんは懸命に抵抗しますが、ブローカーは交渉に応じようとはしません。「だったら、もう買わない。ほかからいくらでも買えるから」。そう言って、値下げを一方的に決めてしまいました。

そうすると、みなさんはお手上げです。なぜなら、自給自足用の食料を生産するのはすでにやめてしまっているし、手元にあるのは、食用に適さないコーヒー豆だけだからです。単一の換金作物を栽培する農業形態をモノカルチャーと呼びますが、いったんモノカルチャーに移行したら、つくったものを確実に売らない限り、食べていくことはできません。だから、ブローカーが提示する値段が半値に下がっても、その状況を受け入れざるをえないわけです。

島の人々はなぜ間違えたのか

野田　大変興味深い寓話ですが、この話で鍵となるのはどんなことでしょうか。

宮台　一番重要な鍵は、今、紹介した寓話の中に、いわゆる「悪者」は出てこないことです。

思い起こしてみてください。島の住人であるみなさんは豊かさや幸福を求めていただけです。宣教師も文明の利器の便利さを教えてくれたにすぎません。じゃあ、ブローカーが悪者なのかというと、それも違います。ブローカーは、コーヒー豆をできるだけ安く買い取り、高く売ることを生業としているのであって、そうした商行為自体は悪ではないのです。

もう一つの、二つめの鍵が、ここでの契約のあり方です。一般的に契約は、当事者双方の自由意思に基づいて結ばれるものとされています。それがいわゆる自由契約です。でも、法実務の世界では双方の自由意思に基づいていても、必ずしも自由契約とは見なされません。片方が極端に有利で片方が極端に不利な立場にある場合は、契約は立場に従属したものなので、自由契約とは見なされないのです。

これを「附従契約（adhesive contract）」といいます。みなさんも周囲を見渡せばおわかりでしょうが、世の中の契約の多くは、立場の有利不利をともなう契約になっています。なぜか。立場の有利不利がどのようにして決まるのかを考えればわかります。それは、互いの選択肢が相対的に多いか少ないかで決まるのです。

この寓話のストーリーに照らして言えば、島の人々がコーヒー豆を売る相手は、島に来てくれるブローカー以外にいない。だから島民の選択肢は非常に限られています。これに対し、ブローカーはどこからでもコーヒー豆を買えます。ブローカーが言った言葉を思い出してください。「だったら、もう買わない。ほかからいくらでも買えるから」。ブローカーにとっての選択肢はこの島から買う以外にもいくらでもあります。

しかも恐ろしいのは、コーヒー豆の売買契約を結んだ時点では、島の人々はこの非対称な関係に気づいていないことです。島民は自由意思でブローカーと契約したつもりでおり、契約内容がブローカーの都合で変更される可能性を想像すらしていませんでした。附従契約を結ばされていると知ったのは、ブローカーから「値段を半値にする」と通告された瞬間であり、そのとき初めて自分たちがきわめて不利な状態に置かれていることを理解したのです。

さて、島の人々はその状態を元に戻せるだろうか。戻せません。というのも、島の圃場《ほじょう》は農薬や化学肥料などの投入によってコーヒー豆の栽培に特化した土壌に変質してしまっており、モノカルチャーをやめて再び自給自足的な経済に回帰しようと思っても、それにふさわしいインフラはすでに失われているからです。これが三つめの鍵となる不可逆性です。

もう一つ、重大なポイントは島の人々のマインドです。彼らはかつて自給自足的な暮らしをしていた頃は文明の利器に触れたことすらなかったため、それがないことによる不利益や不自由を知らずにすんでいました。しかし、コーヒー豆栽培によってお金を得て、自ら利器を買って使うようになってからは、その便利さや快適さを知ってしまいました。だから、再び利器を持たない不便な暮らしに戻ろうというマインドは持ちようがないのです。

このように、構造的貧困の「構造」には二つの意味合いがあります。一つは、ステアリング（舵取り）不能な、自分たちの営みより大きな「システム」に組み込まれてしまうという空間的帰結、もう一つは、いったんそうなってしまうと元に戻れないという時間的帰結です。いずれの意味合いにおいても、すでに決められてしまった道をただ進むしかありません。しかも、そうなることを事前にわきまえていませんでした。つまり、意図せざる帰結です。そこに悲劇があるのです。

『ダーウィンの悪夢』が突きつける現実

野田　宮台さんが寓話を用いて解説した構造的貧困の実例を一つ紹介しておきましょう。

みなさんは、『ダーウィンの悪夢』（フーベルト・ザウパー監督、２００４年）という映画をご存じでしょうか。このドキュメンタリー作品では、タンザニアのビクトリア湖周辺で起きた構造的貧困の過酷な実態が描かれています。

ビクトリア湖には半世紀前、何者かによって外来魚のナイルパーチが放流され、それがきっかけで周辺に魚の加工・輸出産業が誕生しました。産業化を支援したのは欧州連合（ＥＵ）や世界銀行であり、切り身に加工された大量のナイルパーチは主としてヨーロッパ、そして日本に空輸されています。輸送機を操縦するパイロットたちは旧ソ連地域からやってきます。

ところが、この映画を見ると、湖周辺の産業はタンザニアの人たちにけっして豊かさをもたらしていないことがわかるんですね。経済的に潤っているのは加工工場を経営する企業だけで、漁師やその家族は貧しい生活を送っています。地域の人々は輸出用の切り身にはありつけず、骨とともに残ったわずかな魚肉の残骸を食べるのが精一杯です。貧困は、売春、エイズ、ストリートチルドレン、ドラッグといった新たな問題を生み出してもいます。

また、巨大な肉食魚であるナイルパーチは、湖の水草を食べる在来種の小魚を食べ尽くしてしまい、かつては生物多様性の宝庫であることから「ダーウィンの箱庭」とも言われたビクトリア湖の生態系は大きく破壊されてしまいました。将来、湖にはナイルパーチすら生息できなくなる可能性があると指摘されています。

しかしながら、この映画の中にも、はっきりとした「悪者」は出てきません。加工工場の経営者も労働者を搾取しようと思っているわけでなく、人々はむしろ自発的に職を求めてやってきます。パイロットたちも、自分の家族をしあわせにしようと、それぞれの仕事に励んでいるだけです。EUや世銀もこの産業を興すことによってタンザニアの人は豊かになるに違いないと見込んでいたわけです。むしろ善意からとも言える行動です。加工された切り身を消費するヨーロッパや日本の消費者にしても、タンザニアの人たちを不幸せにしようなんて気持ちはまったく持っていません。安くて栄養価の高い白身魚を家族に食べさせたいと思っているだけでしょう。にもかかわらず、貧困は解消されず、湖やその周辺の状況を元の状態に戻すこともできない。『ダーウィンの悪夢』はそうした現実を僕らに突きつけています。

このように構造的貧困という概念には、私たちが向き合う社会というものの本質を理解するうえでのきわめて重要なメッセージが含まれています。

反啓蒙思想としての社会学

宮台　なぜ社会では、われわれがよかれと思って始めたことによって、意図していなかった帰結がもたらされるのか。その理由について考える前に、先人たちが社会というものをどういうふうにとらえてきたのかを振り返ってみましょう。

17世紀から18世紀にかけて、ヨーロッパでは啓蒙思想が花開きました。この思想は、社会は人間がつくるものであり、理性的な人間が自由意思に基づいて契約を結べば合理的な社会が実現する、というビジョンを掲げていました。しかし、19世紀に入ると、社会は人間の理性をもってしても思い通りにいくものではないという反発が生じます。これが反啓蒙の思想です。

反啓蒙の思想の歴史的な出発点は、フランス革命の失敗です。みなさんが世界史の授業で習ったように、フランス革命は１７８９年、啓蒙思想の影響を受けた市民がブルボン王朝を倒したことから始まります。しかしその後、ジャコバン派がギロチン政治を強行したことや、それに対する反動が起きたことで、革命は混乱から退潮へと向かい、最後はナポレオンによるクーデターと帝政開始という結末を迎えます。

つまり、人々が自由に生きられる社会を実現するために起こした革命が、当初の目的とは真逆の独裁体制を生み出してしまったというわけです。そのことの衝撃が、反啓蒙の思想の広がりへとつながっていったのです。

反啓蒙思想にはさまざまなタイプがあります。最初に出てきたのは、保守主義です。これを提唱したのがエドマンド・バークでした。人間の理性には限界があり、社会の複雑さはそれを超えている。だから、社会をいきなり大きく変えようとすると予想外の帰結がもたらされてしまう。変えるなら少しずつ変える以外にない。インクリメンタリズム（漸進主義）が取るべきアプローチである。そう考えたのがバークの保守主義です。

続いて出てきたのは、ミハイル・バクーニンの無政府主義です。この思想は、いわば「国家を否定する中間集団主義」です。大きな社会の統治はあきらめて、小さなユニットの統治だけにしようと主張します。小さなユニットには、血縁集団もあれば、地縁集団もあれば、職能集団もあれば、信仰共同体もありますが、おおまかに言って2万人以下のユニットで共同体的な自治を行うことを想定しています。なぜ「無政府」なのか、もうおわかりですね。国家や中央政府は、いずれは必ず機能不全に陥るので、いらないと考えたからです。

さらにその次に出てきたのが、マルクス主義です。先ほど構造的貧困のメカニズムについて説明した際にも述べた通り、市場経済は現実には附従契約をベースにしています。契約には歴然とした有利不利があり、市場が展開していくにしたがって、有利な人はますます有利に、不利な人はますます不利になっていきます。生産手段を持つ資本家は選択肢が多く、生産手段を持たない労働者は選択肢が少ないので、労働者は不利な条件で契約してしまいます。

そのことをマルクスは厳密に定式化したうえで、人々が自由に振る舞うことによって経済格差や極端な貧困が生じてしまうことを「市場の無政府性」と呼びました。この場合の「無政府」とは、

図表1－1｜啓蒙思想と反啓蒙思想

啓蒙思想（17〜18世紀）：社会は思った通りになる
理性的な人間が自由意思で契約すれば、合理的社会が実現

↕

反啓蒙思想（19世紀〜）：社会は思った通りにならない

保守主義（エドマンド・バーク）	無政府主義（ミハイル・バクーニン）	マルクス主義（カール・マルクス）	社会学主義（エミール・デュルケム）
・人間の理性には限界がある ・Incrementalism（漸進主義）	・国家を否定する中間集団主義	・市場経済は制御不能であり、革命により壊すべき（市場を否定）	・国家や市場を否定しない中間集団主義

市場を人々の自由意思に委ねているとコントロール不可能な状態になり、社会に混乱をもたらしてしまうという意味です。だから、市場に依存する社会を、労働者が革命によって壊すべきだとマルクスは訴えたのです。

そして19世紀末、最後に登場したのが、エミール・デュルケムの社会学主義です。ここでの社会学は、保守主義と無政府主義のそれぞれと、似たところを持っています。

保守主義との共通性は、社会の複雑さは人間の理性を超えると考えるところです。社会は思い通りにはならないというのが、社会学を、そしてこの講義を理解していただくうえでの、出発点なのです。

他方、無政府主義との共通性は、大きな政府による統治に期待を持たず、まずは小さなユニットの中で自分たちにできることをやるべきだと考えるところです。

ただし、無政府主義と違い、社会学主義では中央政府を否定することはありません。むしろ、小さなユニットにできないことについては、より大きな単位である行政に解決を期待します。だから「国家を否定しない中間集団主義」であると言えます。

ちなみに、社会学主義はマルクス主義とも異なります。社会学は市場を否定しません。そのことを踏まえて、社会学主義の立場をひと言で言えば、「国家や市場を否定しない中間集団主義」ということになります。つまり、社会学主義は、無政府主義やマルクス主義に比べて、はるかに中庸な思考です。その意味でも、保守主義に近いところがあると言えるでしょう。

まとめると、社会学は、社会が思い通りにならない理由を究明することで、どの範囲で、どんなアプローチを採れば、複雑な社会に対峙しうるかを探求する学問です。社会の複雑さに絶望することなく、極端な思い込みを排しながら探求するのです。単に絶望するのは愚か者の営みですが、思い込みで社会と対峙するのも愚か者の営みです。これからみなさんに紹介していく社会システム理論の思考も、そうした社会学的な伝統のうえにあるものです。

他律的依存へのトラップ

野田　社会学が提示する概念はとても興味深く、ビジネスパーソンが社会を理解する際にきわめて有意義だと思うのですが、その中心概念の一つに「自立と依存のパラドックス」がありますよね。

宮台　その通りです。先ほどの寓話を思い出してください。島の人々は自給自足的な経済から換金作物を栽培して外貨を獲得する経済に移行することを自ら決めました。これにより、人々の暮らしはブローカーや国際市場に依存することになった結果、意図せざる帰結にさいなまれることになりました。

一体何がこの状態を招いたのでしょうか。それは島の人々の自立を願っての決断です。誰かに強制されたわけではありません。国際市場に依存することはわかっていても、それはあえて自らが選択したものであり、この時点の決定はいわば「自律的（＝自己決定的）な依存」だと言うことができます。

ところが、その後、ブローカーや国際市場との関係は、抜け出そうにも抜け出せない依存、すなわち、依存しないという選択肢がもはや存在しないような「他律的（＝非自己決定的）な依存」へと、変化してしまったのです。「自律的な依存」は、ほとんどの場合「他律的な依存」へと頽落してしまいます。これは、いわば「社会の摂理」とも呼べるトラップです。問題は、なぜ人々はそんなトラップにかかってしまうのかということです。要因は二つあります。

一つは、情報の偏りです。われわれは「自分たちがよいと思ったことはよい」と信じがちです。しかし、それは、与えられた一定量の情報に基づいてそう考えているにすぎません。そう、保守主義者が言うように、われわれは理性的に決定したつもりでも、本当は知らないことがいっぱいある。だから、決定後のステージでは、知らないことがいっぱい起こるわけです。そうすると予想外の帰結に入り込んでしまう。

もう一つの要因は、人間は短期的な利益を長期的な利益よりも評価しがちだ、という行動経済学的な摂理です。目の前に短期的な利益と長期的な利益が提示された場合、われわれはほぼ必ず短期的な利益を選びます。なぜなら、進化心理学によれば、人類はもともとそういうマインドセットを持つからこそ、種としても生き延びてこられたからです。

『ダーウィンの悪夢』に出てくる人々もそうでした。1980年代のタンザニアでは深刻な飢饉が起き、人々は生きるか死ぬかの瀬戸際に追い込まれました。そうした状態を脱するために、新たな経済スキームとして、善意で持ち込まれたのが、ナイルパーチの加工・輸出産業でした。ビクトリア湖周辺の人々は、短期的な利益を求めて、当初はこの産業に自己決定的＝自律的に依存し、次第に非自己決定的＝他律的に依存するようになっていったのです。

このように人々がトラップにかかってしまう原因を見ていくと、構造的貧困に陥ってしまう傾向を回避するのは、きわめて難しいことがわかります。その意味で、構造的貧困はユニバーサルな問題なのです。過去にあらゆる場所で繰り返されてきましたし、今後もあらゆる場所で起こりえます。実際、日本国内でも繰り返し起こっていることなのです。

高度経済成長の時代に、日本の多くの自治体は雇用を創出し経済を活性化するために工場や大規模店舗を誘致しました。自己決定での誘致の結果、地域経済は工場や大規模店に依存するようになりました。ところがバブル崩壊後の平成不況が深刻化した97年頃になると、これらの工場や大規模店舗の多くが撤退したのです。しかしすでに地場産業は衰退し、地元商店街も壊滅していたので、工場や大規模店舗の撤退で失われた雇用を、元に戻せませんでした。そうした地域では、若年男性の自殺と、若年女性の売春が非常に増えたことも、統計的に確認されています（『自殺実態白書２００８』自殺対策支援センター・ライフリンク）。他律的依存の悲劇です。

野田　僕は、３・11以降、経済同友会のプロジェクトの委員長として5年間、被災地の三陸沿岸部の復興を支援したのですが、同じような現象を体験しました。

経済の復興のために、各自治体は交流人口を増やすことで地元経済を活性化しようとします。その一つが大手資本の誘致によるショッピングセンターの開設です。そのショッピングセンターには初めは地元の商店街もテナントとして一部入ります。でも、いずれ人口減少が避けられない中、地域経済が衰退していくと、大資本は撤退するかもしれない。そのときにはかつての地元商店街の猥雑な生態系は消滅してしまっていて、自治体は撤退をなんとか翻意してもらうために、大資本のリクエストを最大限聞かざるをえないかもしれない。そうするとまさに、自律的依存から他律的依存への頽落となります。

グローバル化が先進国にもたらした問題

宮台　面白い観察ですね。さてここで、近年のグローバル化が社会にもたらす影響についても整理させてください。というのも、構造的貧困を考えたとき、グローバル化には「明るい面」と「暗黒面」があるからです。似た問題が、米軍基地に関わる土木事業や交付金に依存する沖縄経済にも見られます。

まずは、グローバル化と「国際化」という言葉を区別しましょう。１９８０年代ぐらいまで、国境を越える企業活動や経済取引はグローバル化ではなく、国際化と呼ばれていました。その特徴は、貧困な発展途上国から安く原材料を輸入して加工し、自国を含む富裕な先進国の人々に高く売ると

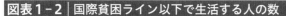

図表1－2｜国際貧困ライン以下で生活する人の数

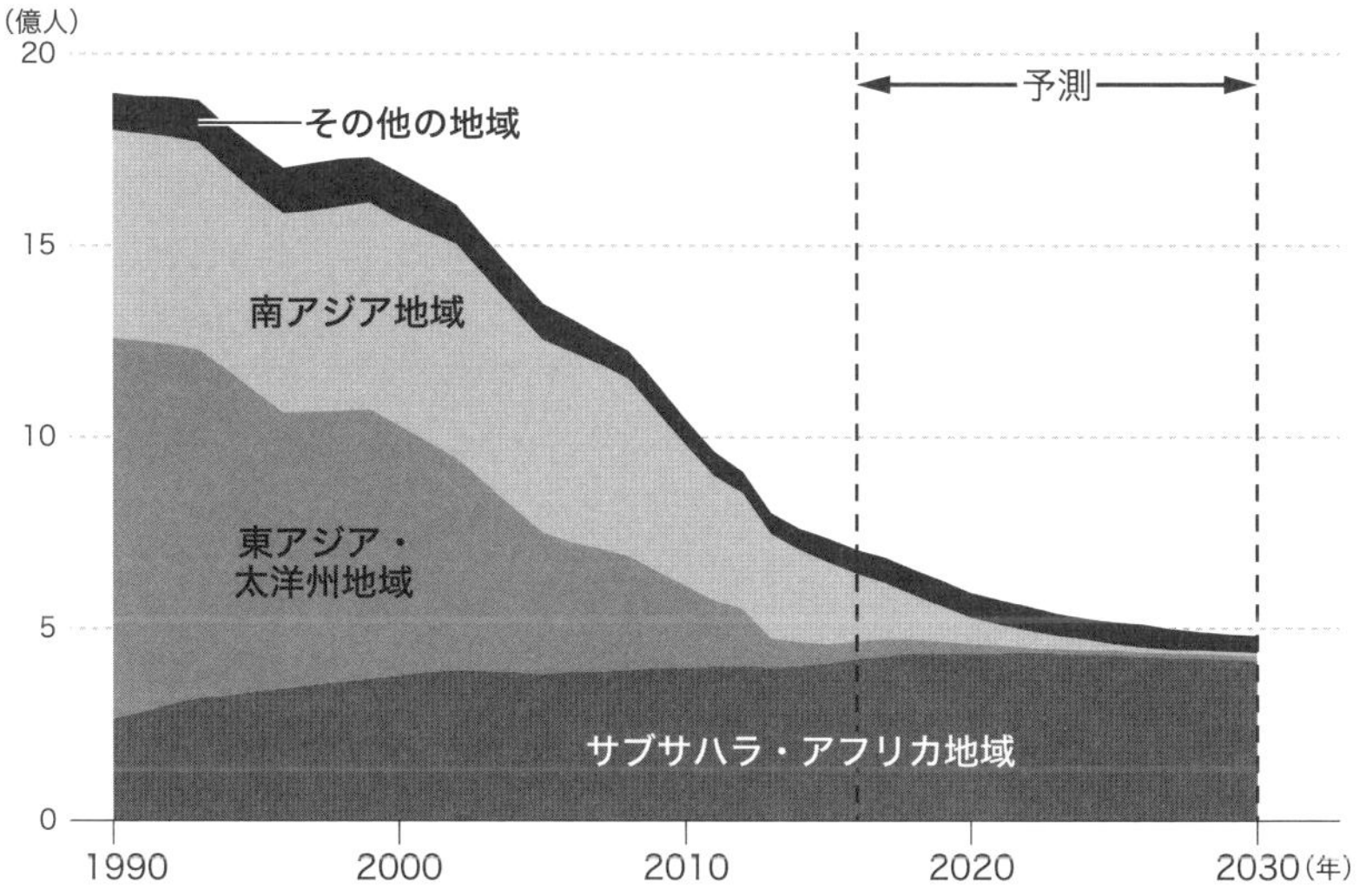

(注) 世界銀行は2015年10月、国際貧困ラインを2011年の購買力平価(PPP)に基づき、1日1.90ドルと設定(2015年10月以前は1日1.25ドル)
(出所)『The Economist』2018年9月22日
(原出所) 世界銀行

いう図式であり、これにより途上国はますます貧困に、先進国はますます富裕になっていきました。まさに構造的貧困のメカニズムが世界のあらゆる場所で働き、展開していたわけです。

ところが、90年代初頭から、冷戦の終結や通信テクノロジーの発達を受けた始まったグローバル化は、途上国の構造的貧困を緩和しました。世界銀行の統計にも表れている通り、特にサブサハラ(サハラ以南のアフリカ)以外の地域では貧困率が劇的に下がっているのです(**図表1－2**)。

なぜかわかりますよね。それは、グローバル化によってヒト・モノ・カネ、すなわち資本の国境を越えた移動が自由になったことや、国境を越えた企業間競争が激化したことを受けて、各企業が生産コストや取引コストを抑えるために、賃金と地代が安い国に、工場や業務の一部を移転するといったアウトソーシングを進めたからです。その結果、少なくとも世界レベルでは富の公平な分配につながった。これがグローバル化の明るい面です。

しかし、その一方で、グローバル化は、とりわけ先進諸国の内部において、新たな構造的問題を生み出しています。そこで起きているのは、資本移動による国内産業の空洞化にともなう中間層の崩壊と、それにともなうソーシャル・キャピタル（人間関係という資本）の減少です。その結果、経済的に没落した人々の間に、不全感や劣等感や孤独が広がっていったのです。

それだけではありません。政治がその状況を利用して、人々に「不安の埋め合わせ」になるように、「日本人はすごい」という類の万能感を与えたり、「諸悪の原因は生活保護受給者や特定の国籍の人たちに帰属する」といった類の攻撃性をあおったりと、気持ちのよさを与える政策を採るようになります。それがポピュリズムです。

ポピュリズムによって、必要のない戦争や、人々の間の分断と対立が生じがちになって、民主政が不適切な決定を導く結果になります。グローバル化の重大な副作用として、先進国が抱えることになったこれらの諸問題も、国際化の時代の「構造的貧困」と同様に、新たな構造的な問題です。この構造的問題は、次講以降で、より詳細に考察していきたいと思います。

質疑応答

インドのプログラマーが米国IT技術者の年収を半分にした

野田　学生のみなさん、どうでしょうか。質問を受けたいと思います。じゃあ、チェコ出身のノバークさんから、どうぞ。

ノバーク　構造的貧困をもたらすような不平等な貿易関係を解決しようとしている取り組みの一つにフェアトレードがあると思いますが、その効果についてはどうお考えでしょうか。

宮台　後の講義で改めてお話ししますが、フェアトレード、あるいはスローフードやスローライフといった取り組みは、人々の規範や価値観に基づくものです。だから歴史や宗教に依存します。そのため、フェアトレードは一部のグローバル企業だけを中心に展開されている状態です。スローフードやスローライフの運動も南ヨーロッパを中心とする、わずかな国々にしか広がっていません。いずれも今のところはユニバーサルな解決策にはなっていません。

アイダ　国際化とグローバル化の違いについて、もう少し詳しく教えていただきたいのですが。

宮台　国際化の時代は、まだテクノロジーが十分に発達していなかったのもあって、ヒト・モノ・カネの移動はそれほど自由ではありませんでした。だから、企業が、途上国で原材料を安く買い叩き、加工品を先進国に高く売るという、スーザン・ジョージが明らかにしたようなストーリーが展開しました。このあたりは、日本の宇野派経済学（マルクス主義経済学の一派）の影響を受けたイマニュエル・ウォーラーステインの世界システム理論が詳しく記述しています。

これに対し、グローバル化が進展していくと、ヒト・モノ・カネの移動が自由になるため、企業が競争を勝ち抜くためには、途上国にたくさんの資本を投下することが有利になるのです。つまり、国際化の時代は、先進国と途上国の格差がどんどん広がりましたが、グローバル化の時代には、途上国にもよい仕事がもたらされるようになり、先進国と途上国の格差は縮まりました。でも、先進国でも途上国でも、国内の所得格差は著しくなりました。

たとえば１９９０年代半ば以降、インターネットの普及を背景として、多くのソフトウェア産業がインドへのアウトソーシングを始めます。インドには数学やプログラミングの才能がある人がたくさんいて、その人たちは先進国の半分以下の値段でプログラミングの仕事を請け負うことができたからです。つまり、ヒトの移動は起きていないけれども、労働力の移動が起きました。その結果、アメリカのＩＴ技術者の年収は、10年間で半分になりました。

インドでも、アウトソーシングで支払いを受けた人は一部ですが、幸いにしてインドはネットワークが強固な国で、豊かな人が貧しい人に恩恵を施すマインドセットやカルチャーが残っているため、グローバル化によって個人にもたらされた富が、共同体でシェアされる傾向があります。しかし、そうしたネットワークや文化がなく、富のシェアがなされない途上国の中では、グローバル市場に参加できる人とそうでない人との間に格差が広がります。

ホアン　香港出身の私から見ると、中国は構造的貧困に打ち勝って経済発展を成し遂げたように思えるのですが。この理解でいいでしょうか。

宮台　中国は、まさに国際化とグローバル化の違いの象徴ですね。グローバル化を徹底的に利用し、「世界の工場」という立場を利用しながら、先進国からヒト・モノ・カネ、さらには情報を呼び込み、技術をローカルに移転させ、ノウハウの蓄積を行い、国家まるごとが構造的貧困に陥ることを回避して経済発展を遂げた事例です。巨大な国内市場が持つ潜在力をグローバル市場における交渉の際のバーゲニングパワーにし、技術のローカル移転とノウハウの蓄積に成功しています。

その意味では中国には途上国が見習うべき点が多々あります。ただ、それにより先進国と同様に、沿岸部と内陸部、都市と農村など、国内の格差が急速に拡大することになり、共産党はその調整にやっきになっています。実際に数年前までは各地で暴動が起こっていて、それが、後で詳しく述べる、信用スコアを中心とした社会的信用システムが、政治的に急拡大させられた理由になっています。

シュナイダー　先進国が直面する構造的問題の話の中でポピュリズムの台頭についてのお話がありました。たとえばドイツではこの数年、ナショナリズムがすごく過熱しましたが、他の先進国ではどうなのでしょうか。

宮台　アメリカではドナルド・トランプ前大統領の支持者を中心にオルトライト（オルタナ右翼）と呼ばれる勢力が増えているし、日本でも安倍晋三元首相の支持層でもあったネトウヨが増えています。しかし、これらの人々は、外見上はナショナリストのように見えますが、その中身は感情的な排外主義です。ドイツでも同様で、トルコ系移民に対する非常に排外主義的な動きが続いています。ヨーロッパではどの国でも排外主義的な政党が議席を増やしています。

こうした排外主義や、それを支える攻撃性は、「政治的な主張」というよりは「心理的な症状」であり、そうした「社会病理」が広がっていく原因も、ナチス・ドイツの誕生過程の詳しい分析を通じて、明確にわかっています。詳しくは、また後ほどの講義でお話しします。

Conclusion

第1章のまとめ

社会は、人によって構成されている。そして社会は人がつくるものだ。しかしながら、本書は、社会は僕らの思い通りにはならないという出発点に立つ。これは社会学の最も重要なメッセージでもある。

僕らは自分たちが合理的で理知的だと思っているが、僕らの理性や知性には限界がある。目先の利益に惑わされることを表す「朝三暮四」という言葉がある。昔、宋の狙公《そこう》が、手飼いの猿の餌を節約しようと「与えるトチの実を朝に三つ夕方に四つに減らす」と言ったところ、猿たちは「少ない」と怒ったが、「じゃあ、朝四つ夕方三つではどうだろう」と再提案すると、みな大喜びで同意した。そんな故事に由来する。

不穏当を承知のうえで言うならば、この章で紹介した構造的貧困の背景には、猿と同じく近視眼的な僕ら人間がいる。自立を願う僕らは、自立を願うがゆえに短期的な視点で能動的（自律的）に依存を選択する。それが中長期的には、自分たちではどうしようもない他律的な依存に変わってしまう。「自律的自立」を意図した「自律的依存」が、いつの間にか「他律的依存」へと頽落する。いわば、時間的経過にともなう合成の誤謬が起きる。

構造的問題の最大の特徴は、「悪役がいない」ということだ。悪役がいれば、話は比較的単純だろう。勧善懲悪の時代劇なら、悪代官を打ち倒そうと正義のヒーローが現れるし、百姓たちが必死の覚悟で一揆を起こすことだってできる。でも、悪役がいなければ、ヒーローは現れようがないし、抵抗のエネルギーを結集することもできない。これこそが僕らが社会課題に立ち向かうときに直面する解決困難なパラドックスである。

１９８９年のベルリンの壁の崩壊で、ヒト・モノ・カネ・情報の行き来が自由になり、経済活動は国際化からグローバル化へと段階が移行した。これにより、途上国の構造的貧困は緩和されていったが、逆に先進国の中では、あるいは途上国の中においても、新たな構造的問題が生じている。それは、「汎システム化」の進行がもたらす、より本質的な社会と人間関係の変容だ。

次章では、日本の社会を例に取り上げ、自分たちの身近にある問題を通して、先進国に生きる僕らが直面している構造的問題を考察していこう。

第2章

2段階の郊外化とシステム世界の全域化

Chapter 2

日本社会の現状を読者のみなさんはどう見ているだろうか。

僕らは、日本の現状を「社会の底が抜けている状態」と表現する。あるいは「経済が回っていても社会が回っていない状態」と言い換えてもいい。こうした状況は、僕らの期待する社会の姿からはほど遠く、相当危機的だ。社会に生きる僕ら一人ひとりにかなり深刻なインパクトをもたらしており、けっして他人事と笑っていられない。

といっても、読者の多くはまだ実感がわかないかもしれない。

そこで本章では、みなさんにも自分事として感じていただけうるテーマである「孤独」、さらにはその究極である「孤独死」の議論から始めたい。そのうえで、孤独や孤独死に代表される構造的問題の原因を探り当てるために、日本社会の変容過程とそのメカニズムを明らかにし、変化のドライバーとなった人々の行動や欲望を分析していくことにしたい。

先進国が直面する「孤独」問題

野田　前講義で宮台さんからも指摘があったように、先進諸国ではグローバル化の進展にともなって新たな構造的問題が生じています。この構造的問題を象徴する事例として、「孤独」の問題を考えてみたいと思います。

『ひとり　団地の一室で』というドキュメンタリー（ＮＨＫスペシャル、２００５年９月24日放映）をご覧になったことはありますか。３年間に21人が孤独死した千葉県松戸市の常盤平団地で、孤独死の防止に取り組む地域住民の活動を追った番組です。

放送された当時、宮台さんと僕はその映像に衝撃を受けました。それまでふつうの企業人の生活を送っていたのに、病気で仕事を失い、さらには離婚で家族も失った57歳の男性が団地に移ってきて、近所づき合いもない中、一度は自殺を図り、その後も孤独にさいなまれながら暮らす様子が描かれています。

このドキュメンタリーは氷山の一角を取材したものにすぎません。日本では現在でも、孤独死が増え続けています。一見、順風満帆に見える生活を送っていても、何らかのきっかけで人とのつながりを失ってしまうと、孤独死の危機は他人事ではなくなり、僕らの身近に忍び寄ります。実際、日本は世界の中でも断トツの「孤独死社会」なのです。

一般社団法人日本少額短期保険協会の孤独死対策委員会が発表した「第５回孤独死現状レポート」によると、２０１５年４月から20年３月までに発生した孤独死は４４４８件、このうち80％以上が男性です。年齢別では男女とも60代が多く、つまり60代男性が最もリスクが高いと言えます。その一方で、60歳未満の現役世代が孤独死するケースも少なくなく、男女ともに全体の約４割を占めています。

発見までの日数は、３日以内が約４割ですが、90日以上たってから発見されるケースも約２％あります。発見者は職業上の関係者（管理、福祉、警察）が５割以上で、近親者（親族・友人）が発見するケースは約３割にとどまっています。

孤独死が発見されるまでの経緯は、音信不通・訪問が最も多く、５割を超えています。しかし、それ以外は、異臭や居室の異常、家賃滞納、郵便物の滞留といった理由から発見に至っており、それらの場合は発見までの日数も長くなります。要するに、ふだんから周囲と連絡をとっていない人ほど、早く見つけてもらえない傾向があります。

では、日本人の人づき合いは諸外国の人たちと比較してどうなっているのか。少しデータは古いのですが、経済協力開発機構（ＯＥＣＤ）の調査（２００５年）によると、日本では「友人、同僚、そ

図表2－1｜「第5回孤独死現状レポート」が伝える日本の孤独死の実情

発見までの日数

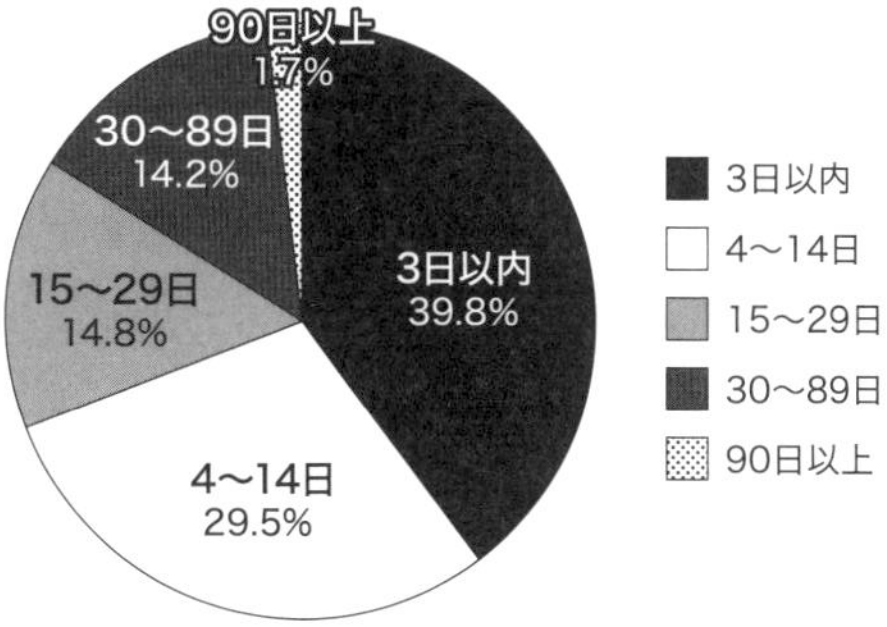

第1発見者の構成

（注）「親族」＝親族、「友人」＝友人・知人・会社・学校等の関係者。「管理」＝不動産管理会社・オーナー・代理店等。「福祉」＝ケアワーカー・配食サービス・自治体・配達業者・ガス電気等の検針員等。警察＝警察、消防。他人＝隣人等も含む

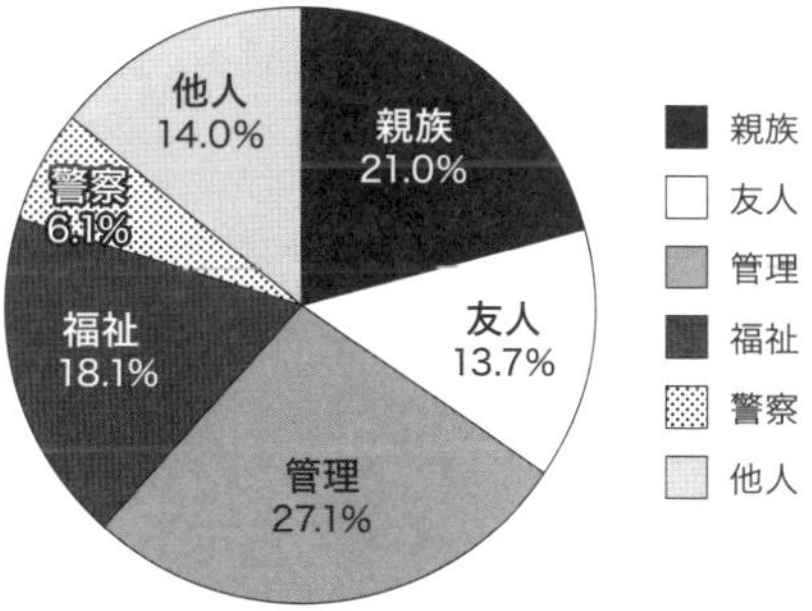

発見原因

（注）発見原因不明を除く

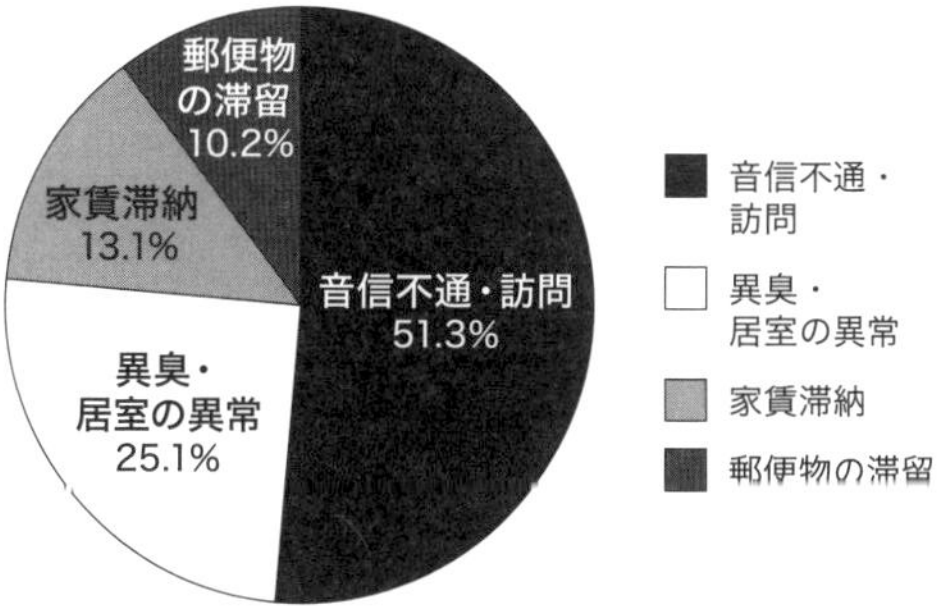

（注）2015年4月～2020年3月までの孤独死のデータ
（出典）一般社団法人日本少額短期保険協会 孤独死対策委員会「第5回孤独死現状レポート」2020年11月27日

の他の人」との交流が「まったくない」あるいは「ほとんどない」と回答した人が15・3％おり、これは加盟20カ国の中で最も高い水準となっています。容易にご理解いただけると思いますが、こうした疎遠な人間関係と孤独死には高い相対関係があるのです。孤独死を生み出しているのは、人とのつき合いの薄い僕らの存在です。

他の先進諸国の例も見てみましょう。アメリカの政治学者でソーシャル・キャピタルの提唱者としても知られるロバート・D・パットナムは、著書『孤独なボウリング——米国コミュニティの崩壊と再生』（柴内康文訳、柏書房、２００６年）の中で、アメリカではコミュニティにおける人々の善意のつながりが弱体化しており、そのことが民主主義にとっての脅威になっていると指摘しました。

同書では、「街や学校問題の公的集会への出席」や「何らかのクラブや組織の役員を務める」「何らかの地域組織の役員を務める」「政治改革に関心を持つ何らかのグループのメンバーになる」といったアメリカ人のコミュニティ参加の状況についてのデータが示されていますが、いずれのデータも緩やかに低下しています。同様に、近所づき合いをする人も、独身者・既婚者を問わず、緩やかに減っています。

こうした人間関係の変化はアメリカ以外でも確実に進行しており、たとえばイギリスでは政治が孤独を社会問題としてとらえるようになっています。その先頭に立ったのは、２０１５年に初当選したジョー・コックス下院議員であり、孤独撲滅のために超党派の「孤独委員会」を立ち上げて活動を開始していました。

痛ましいことに、彼女は翌16年6月、ＥＵ残留・離脱をめぐる国民投票の直前に殺害されましたが、その遺志を受け継ぐ形で「ジョー・コックス孤独問題対策委員会」が組織され、18年1月、世界で初めて内閣に「孤独担当大臣」が置かれました。日本で２０２１年に「孤独・孤立対策担当大臣」が任命されたのも、これに倣《なら》っての措置です。

同委員会のレポートによると、イギリスでは人口約６５００万人のうち９００万人以上が常に、あるいはしばしば孤独を感じています。65歳以上の人たちの時間の過ごし方のほとんどはテレビを見ることで、75歳以上の人たちの３分の１以上が自分の孤独をコントロールできないと感じています。また、孤独は１日15本のタバコと同じくらい健康に害があり、イギリス全体で４兆５０００億円もの経済損失を生み出しているということです。

そうした現状を踏まえて、イギリスでは今、人々の孤独を解消するために「THE HAPPY TO CHAT BENCH（しあわせにしゃべれるベンチ）」という試みが広がっています。街の中にあるベンチに「座っている自分に話しかけて」と書いた札を取りつけておき、見知らぬ人同士が気軽に会話を交わせるように背中を押しているのです。同じような取り組みは、アメリカやオーストラリア、ウクライナにも広がっています（テレビ東京ＷＢＳ、２０２０年2月4日放送）。

ディスカッション

おせっかいを許容し合えるか

野田　ここまで、孤独死の問題を入り口に、先進諸国における人間関係の希薄化について見てきました。この話を聞かれてどう思われますか。みなさんの実感はどうでしょうか。

ワタベ　女性の孤独死は男性に比べて少ないというお話でしたが、いろいろな悪いことが重なったら、女性が孤独死してもぜんぜんおかしくないと私は思います。たとえば、夫が早く亡くなって、その後、自分も病気になったり、周囲の友人とうまくいかなくなったりというふうに三つぐらい不幸が重なったら、自分も孤独死するかもしれません。

特に地域コミュニティが機能していない場合は、セーフティネットがないので、何か起きたときに誰にも助けてもらえない。そこが一番の問題なのかなと思います。

アイダ　私は学童保育の父母会に参加していて、そこでの活動が地域のつながりを強める大きな役割を果たしていると感じていたのですが、最近、学童が民営化されたことがきっかけで、そのコミュニティが少し壊れかけてきているような気がしています。実際に活動に参加していれば、つながりのよさを体験できるはずなんですけど、父母たちの中には「なんでつながらなくてはいけないいんですか」とか、「そんな暇はないです」と言う人もいます。

コリンズ　私は、日本やアメリカ、イギリス以外の国々でもすでに孤独は問題化しているのではないかと思います。その背景にはSNSの発達があって、従来のような人と直接ふれ合うコミュニティ活動をせずに、ネット上のコミュニケーションだけですませている人が多くなっているように感じます。もちろん、ネットのコミュニティはとても便利なのですが、自分に都合のよいときだけにしかかかわらないため、その分、コミュニケーションが浅くなっているのではないかと思います。

ヤン　私自身は日本に長く住んでいるんですけど、ちっちゃい頃は中国のおばあちゃんの家によく行っていました。当時の中国では、夜になると近所の人たちみんなが公園に集まったりしていましたが、それがこの20年ぐらい、資本主義が発展していく中でどんどん変わっていきました。人々の所得格差も広がったし、人と人の関係も疎遠になっていったと感じています。

野田　今、中国の話になったので、僕の好きな映画を一つ紹介させてください。『こころの湯』（チャン・ヤン監督）という1999年の作品です。

この物語の舞台は、胡同《こどう》（フートン）と呼ばれる北京の旧市街です。そこで銭湯を切り盛りしている老人リュウは、知的障害のある次男のアミンとのんびりした日々を過ごしていますが、そこにある日、深圳《しんせん》（シェンチェン）でビジネスパーソンとして働く長男のターミンが帰ってきて、しばらく銭湯の仕事を手伝うことになるんですね。

その銭湯は地域の人たちの憩いの場になっていて、コオロギ相撲に興じる老人たちや、借金取りに追われる男、歌が大好きなのに人前では声が出せない若者、離婚の危機を迎えている中年男性など、さまざまな人々が集まってきます。銭湯があまり好きでなかったターミンも、そうした常連たちとのふれ合いを通じて、父や弟がこの仕事を大切に思う気持ちを次第に理解していきます。

けれども胡同の再開発にともなって、銭湯は取り壊されることになり、常連たちも立ち退きに応じてバラバラになっていく。つまり、経済発展によって地域の結びつきが失われていく中国社会の一端が描かれているのです。

ワン　私も映画を見ましたが、確かに中国では経済が急速に発展していく中で社会は失われていきましたし、日本と同じようになっていくんだなと思います。

グィエン　ベトナムでも、経済が発展していくにつれて、若いジェネレーションと年配のジェネレーションの間にギャップが発生して、お互いにハピネスの定義や認識が合わなくなったりしています。そのことが孤独を生み出していると感じています。

ウルマニス　孤独は普遍的な課題だと思っています。ラトビアでもコミュニティのつながりが弱くなっています。特に若い人は自由に世界に飛び出していくようになっていて、地域のコミュニティはもちろん、自国に所属している感覚すら薄くなっていると感じています。

宮台　孤独に対して僕らはどう対応できるのでしょうか？

ナトリ　コミュニティの維持について私が感じているのは、おせっかいをお互いに許容し合うこと、人の人生に入り込んでいくことをお互いに許容し合うことの大切さです。経済発展自体は悪いことではないし、人々がお金で便利さを買おうとするのも自然な欲求ですが、それによって失われるものをいかに取り戻すか、そこを考えなくてはと思います。

宮台　ナトリさん、みんなでおせっかいを許容し合うこと、それは一つの規範であり、価値観ですよね。そういう規範や価値観をみんなにシェアしてもらう方法、みんなが納得して自分もそういうふうに振る舞おうと思うようになる有効な方法を、何か思いつきますか。

ナトリ　私は2年に1度、職場の近くで開催される祭りで神輿を担いでいるのですが、そういう活動に可能性があるのではないかと思っています。バックボーンの異なる人たちが力を合わせて重い神輿を担ぐ、そういう肉体を使った共同作業を一緒にやるのがいいのではないかと漠然と感じています。

宮台　素晴らしい答えです。人々に規範や価値観を共有しましょうとただ呼びかけただけでは、その通りになることはまずありませんが、ある体験を共有していただくことで「いいなあ」と感じてもらうことができれば、そこから先、人々の規範や価値観に変化が生じる可能性があります。これを「体験のデザイン」と言いますが、詳細については講義の終盤でまたお話ししたいと思います。

構造的問題の根源

野田　みなさんからの意見にもあったように、孤独死や人間関係の希薄化といった問題はいずれ世界中に広がっていくと思われます。

　では、こうした構造的問題を生み出している根源は何なのか。再び日本に目を向けて考えます。そもそも日本ではどのような社会変容が起きたのか。その過程やメカニズムを宮台さんに解説してもらいます。

宮台　日本社会が抱える問題を抽象化してみると、実は構造的貧困とよく似ていることがわかります。共通するキーワードはこの講義の中でもすでに出てきています。それは「システム」です。システムは「生活世界」と対比される概念で、後で詳しく説明しますが、ここでは市場と行政のことだと考えていただいてかまいません。日本の現状を端的に表現するとすれば、システムへの過剰な依存ということができます。

　われわれはいったんシステムに依存すると、そのシステムは今後もうまく回り続けるだろうと考え、依存の度合いをさらに強めがちです。こうした心理作用を「正常性バイアス」といいます。しかし、システムは災害や不況などでしばしば変調をきたすものであり、その度にさまざまな問題を引き起こします。それだけでなく、システムは、むしろそれが正常に働くことによっても問題を生じさせるものなのです。ここで議論している孤独や孤独死はその一つです。

では、なぜわれわれ日本人はシステムに過剰に依存するようになっていったのか。その歴史を振り返ってみましょう。そこにも「こいつらが間違えなければ……」といった悪者がいないことがわかりますし、簡単に進む道を変えたり、道を引き返したりできなかったこともわかります。そこに見出されるのは、まさに構造的な問題です。

僕が2008年に出した『14歳からの社会学』（世界文化社、2013年にちくま文庫から刊行）の冒頭に2枚の写真が掲載されています。1枚は1959年に東京の東中野駅付近で撮ったもの、もう1枚は2000年に東中野駅付近の風景を撮ったものであり、同じ写真家が同じ夕方の時間帯に同じ場所でカメラを構えました。

ところが、この2枚の写真は写っている景色がまったく違っています。59年の東中野では、夕方、仕事から帰ってきたばかりと思われるお父さんが女の子と一緒に、当時、流行っていたフラフープをやっています。きっと、お母さんがつくってくれる晩ご飯を楽しみに遊んでいるのでしょう。通りにはほかにも男の子たちが遊んでいる様子が写っており、近くを自転車や徒歩の大人たちが行き交っています。

図表2-2｜1959年の東京・東中野駅付近と2000年の同地点

1959（昭和34）年の東京・東中野駅付近。当時、フラフープが大流行していた。

2000（平成12）年の東京・東中野駅付近。1959年当時と同場所・時間帯に撮影。〈撮影＝大竹静市郎〉

これに対し、2000年に撮られた東中野の風景には、外で遊ぶ子どもたちの姿もいなければ、それを見守る大人たちも見当たりません。薄暗い閑散とした道路が写っているだけです。

一体何が起きたのか。日本人の方々には、映画『ALWAYS 三丁目の夕日』（山崎貴監督、2005年）を思い起こしていただくとわかりやすいかもしれない。あの作品は1958年の東京・下町を舞台としており、僕や野田さんの世代が見れば、思わず郷愁をかきたてられるようなシーンが続きます。言うまでもなく、それは、作品中に描かれている地域や家族のあり方がすでにこの国では失われているからなのです。

1段階めの郊外化

宮台　2枚の写真の間に起きた変化の過程を僕は「2段階の郊外化」と表現しています。1段階めは60年代に起きた「団地化」、2段階めは80年代に起きた「コンビニ化」です。結論から言えば、1段階めの郊外化＝団地化によって、地域が空洞化し、2段階めの郊外化＝コンビニ化によって、家族が空洞化しました。その結果、今は地域も家族も空洞化しているわけです。

60年代の高度成長期、郊外には団地がたくさん建てられ、人々が憧れました。郊外は、ベッドタウンとも呼ばれたように、都会に通勤できる町です。団地を買ったり借りたりしたのは、主に地方から出てきた人たちでした。戦後復興と経済成長が、欧米のように外国人労働者を頼らずに、農村の過剰人口を都市部に移転させることによって実現されたからです。両親と子どもたちの2世代が暮らすのが、団地における典型的な家族像でした。

そうした生活が一般的になっていくにつれて、それまであったものが少しずつ、そして最終的には大きく失われました。たとえば、団地化が始まる以前の暮らしでは、テレビは大勢で見るものでした。地域の公園や駅に設置された街頭テレビの下に集まったり、近所でいち早くテレビを購入した家に出かけたりして、力道山のプロレス中継などをみんなで見ました。地域の人たちと一緒に見ることで、興奮やお祭り感覚などの「体験」を、人々がシェアしました。

ところが、団地化した社会ではそれがなくなりました。テレビは各家庭に普及し、お茶の間に集まって家族で見るものになりました。つまり、テレビを通じた「体験」は、家族、それも小さな家族の範囲に限られるものになったのです。こうした現象を僕は「地域の空洞化」と呼んでいます。

もちろん、その頃はまだ隣同士で近所の助け合いが見られました。醤油の貸し借りもあったし、料理をたくさんつくったからとお裾分けもありました。けれども、団地化でそれが徐々に失われて、家族が必要とする便益を、もっぱら専業主婦が担うようになりました。その意味で、1段階めの郊外化＝団地化とは、「地域の空洞化」×「家族への内閉化」だったのです。

2段階めの郊外化

宮台 そして、1980年代から始まった2段階めの郊外化、すなわちコンビニ化によって、日本社会はさらに大きく変貌します。この時期、コンビニエンスストアのチェーンが急拡大したことで、家庭の主婦が手をかけて食事をつくる必要がなくなり、個室で子どもがひとりでコンビニ弁当を食べるといった「個食化」が進みました。

職場における男女の差別を禁止する男女雇用機会均等法が1986年に施行されて、これを機に女性の社会進出が緒に就きましたが、そんな彼女たちを陰で支えたのが、子どもに御飯をつくらなくてもすむコンビニ弁当です。コンビニ化の時代における変化はそれにとどまりません。80年代半ば以降、テレビと電話が家庭内の個室に置かれるようになりました。つまり、テレビや電話の「個室化」が進んだのです。

テレビの個室化は、韓国や台湾で生産されたテレビが日本企業のブランドで販売され始めたのがきっかけです。これをOEM（相手先供給ブランド）といいますが、テレビは白黒であれば2万円以下で買えるようになり、各部屋に置かれるようになります。その結果、人々はそれぞれ好きな番組を自分の部屋で見るようになり、家族そろって見ることを前提として制作されるクイズ番組や歌謡番組が廃れました。かくて、みんなで口ずさめる歌謡曲も急速に少なくなっていったのです。

他方、電話の個室化は、1985年に旧日本電信電話公社が民営化され、新たにNTTが発足したのがきっかけです。それまでは、各家庭が電電公社から電話機を借りて使っていましたが、民営化後は、いろんなメーカーがさまざまな多機能電話機を製造・販売できるようになりました。とりわけコードレス電話が登場したことが、電話の個室化につながりました。

ちなみに、電話がまだ個室化していなかった時代には、若い男が交際中の若い女と電話で話すの

図表2−3｜2段階の郊外化

◆1段階めの郊外化＝団地化（1960〜）

・地域の空洞化
・家族の内閉化（専業主婦の一般化）

◆2段階めの郊外化＝コンビニ化（1980〜）

・家族の空洞化
・システム化（市場化と行政化）

は、大変でした。電話をかければ、だいたい最初は親が出ましたし、彼女と話していると、後ろの方から「いつまで長電話をしているんだ！」といった父親の声が聞こえてくることもありました。だから、コードレス電話が普及して、自室にいる彼女と心置きなく電話で話せるようになったときは、便利な世の中になったものだとつくづく感じました。

コンビニ化にともなう個食化や個室化は、不自由からわれわれを解放しました。でも好都合だけをもたらしたのではありません。60年代は、団地化で空洞化した地域を、主婦を中心とした家族が埋め合わせました。団地化＝地域空洞化×専業主婦化です。80年代になると「家族の空洞化」が進み、それをコンビニのような市場と、保育園のような行政が埋め合わせ始めます。つまり、コンビニ化＝「家族の空洞化」×「システム化（市場化と行政化）」です。

80年代の末には、家族の空洞化を象徴する凶悪な殺人事件が立て続けに起きています。代表的なものの一つは、少年グループが女子高生を約40日間にわたって監禁し、暴行を加えた末に殺害、死体をコンクリート詰めにして空き地に遺棄した、1989年の「女子高生コンクリート詰め殺害事件」です。監禁場所は犯行グループの1人である少年の自宅でした。そこには少年の両親も同居していました。

もう一つは、埼玉県や東京都の幼女4人が誘拐、殺害された、同じ1989年の「連続幼女誘拐殺人事件」です。犯人は、両親が同居する住宅のはなれで、幼女を殺害して切断し、殺害後の幼女の姿を当時普及し始めていた家庭用ビデオに撮影して、家族と暮らす自宅の一室に設けた膨大なビデオコレクションの中に隠し持っていました。コレクションの中に他にも残虐なビデオが含まれていたことから、オタクは犯罪者予備軍だといった偏見が広がることにもなりました。

この二つの事件は、家族というものが「一つ屋根の下にいるアカの他人」になってしまったことを、如実に示しています。それこそが家族の空洞化です。犯罪者の家族だけでなく、多くの家族が「アカの他人」になっていきました。ちなみに、それに並行して、不登校や引きこもりが増えていくことになります。精神科医の多くが言うように、引きこもれる個室ができたことが、不登校や引きこもりの前提をつくり出したのですね。

郊外化がもたらした人間の欲望の変化

宮台　コンビニ化が生み出した「欲望の変化」についてもお話しします。１９８５年に「ケイコさんのいなりずし」篇というセブン‐イレブンのテレビＣＭが話題を集めます。ひとり暮らしの若い女性ケイコさんが、夜中にいなりずしが食べたくなり、メモパッドに「いなりずし　いなりずし……」とつづり始め、我慢できなくなってセブン‐イレブンに駆け込み、いなりずしを買って店から出てきて、最後に「ケイコさんにはケイコさんのセブン‐イレブン」という台詞がかぶさります。

このＣＭが象徴するのは、80年代半ばに「夜中にお腹が空いたから外出する」という従来ありえなかった振る舞いが可能になったことです。まさに「あいててよかった」です。ケイコさんが食べたくなったのがいなりずしであることにも着目しましょう。僕らの世代にとって、いなりずしはお祭りの日などにおばあさんや母親がつくってくれて、家族みんなで食べるものでした。夜中に急にいなりずしが食べたくなるという欲望は、コンビニ化＝個室化によって初めて可能になったものです。それまでは夜中にいなりずしを食べるなどという選択肢が、そもそもありませんでした。

それだけではありません。この時期、電話事業の民営化による電話の多機能化を前提として、テレクラことテレフォンクラブが誕生して、日本全国に広がります。テレクラのお店は、多機能電話を配置して、外からの電話を男性が待機する各個室につなぎます。テレクラにかける女性も、多機能電話を使って、個室から家族に知られずに電話をかけます。

この世界初の出会い系サービスは、コンビニで売られる、女性向けのレディースコミックと、男性向けの投稿写真誌に載った広告をベースにします。つまり、コンビニから帰ってきたケイコさんが、いなりずしを食べながらレディコミのページをめくると、そこにテレクラの電話番号が載っていて、手元のコードレス電話で番号を押し、数十分後には見知らぬ男性の車に乗ってどこかへ……という、従来ありえなかった匿名者の戯れが可能になったのです。

現在の日本社会は、こうした2段階の郊外化の延長線上にあります。人々はもはや地域にも家族にも属さない浮遊した存在となり、それぞれが匿名者として戯れています。そして、グローバル化によって中間層が崩壊した格差社会において、地域と家族の空洞化を埋め合わせているのが、市場や行政といったシステムにほかなりません。システムに依存した社会は「社会の穴を、経済で埋め合わせる」ものです。だから「経済が回らなくなれば、社会の穴に人々が落ち込む」のです。その事例は、孤独死以外にもさまざまなものがあります。

自由の謳歌と精神的安定は両立しない

ノバーク　チェコは１９８９年まで社会主義が続いたので経済発展が遅れました。僕は90年生まれなのですが、子どもの頃、家には白黒のテレビが１台しかありませんでしたし、コードレス電話を目にするようになったのは２０００年ぐらいからでした。日本にあるようなコンビニは今もありません。なので、日本で起きたような変化がもし起こるとしたら、もうしばらくたってからではないかと思っています。

それと、レクチャーを聞いていて感じたのですが、日本やアジアの国々は19世紀の終わり頃から、西洋の文明や価値観を急速に取り入れ、かなり無理をしながらそれに慣れようとしてきたため、その結果、自分たちの伝統的な生き方や価値観が失われていったとは言えないのでしょうか。

宮台　その通りです。社会の変化が急激に起きる際、人々は自分たちにとって大切なものは何か、自分たちがどんな社会を望むのか、といったことを考えるよりも、新たな仕組みや枠組みに適応するのに精一杯です。具体的には、自分だけ取り残されるのではないかという不安や恐怖が広がり、市場や行政がそうした感情を利用して近代化を推進していったのです。

ただ、日本では明治以降、西洋の文明やシステムを取り入れていったものの、敗戦を挟んで60年代の中ほどまでは、伝統的価値観や古い共同体が各所に残っていました。だから、アジアの国々も今後10年、20年ぐらいの間は、伝統的価値観や古い共同体が残り続けるでしょうね。しかし、その後の展開は、日本とまったく同じようになるだろうと想像できます。

タカヤマ　僕は都内の団地で育ちました。その僕ですら、以前は強かったコミュニティのつながりが最近はかなり弱くなっていると感じています。ただ、コミュニティの中で暮らしていると、みんなと意見を合わせないといけないとか、自分の考えばかりを通そうとしてはいけない、といったストレスを感じることもあります。一方で、現在の日本は個人の意見が尊重される世の中になってきており、それはそれでよいことではないのかなと思うのですが。

宮台　共同体には必ず維持コストがかかります。メンバーの間で時間と手間をかけて合意形成をしなくてはなりませんし、互いのまなざしを意識せずには生きられないという不自由を受け入れなくてはなりません。共同体からいいものだけを引き出し、コストをかけないという「いいとこ取り」はできません。つまり、「絆には絆コストがかかる」のです。

しかし、人々がそのことをわきまえない場合、共同体なんかにコストをかけるよりは、システムからベネフィットを引き出す方が、コストパフォーマンスは高いというふうに損得計算するようになります。すると、システムに依存するうちに、共同体を空洞化させてしまうのです。都合のよい話ばかりでないですよね。途中で、災害時にシステムが止まる不安や、孤独死の不安などに気づくことになります。でも、一度、空洞化した共同体を元に戻そうにも、それこそコストがかかりすぎて、もう無理です。

何かに似ています。そう。前の講義で見た構造的貧困における「自律的依存から他律的依存への頽落」と同じです。正確に言えば、構造的貧困もまた、システムへの依存の一例です。選択肢が増えるという意味で自由を求めてシステムを選んだつもりが、いつの間にかシステムの外に出られなくなるのです。2段階の郊外化で言えば、気がつくと頼れる地域も家族もなくなって、システムの浮き沈みに身を委ねているわけです。

野田　この点はとても重要ですね。宮台さんはいつも強調されるのですが、社会は「つまみ食い」ができません。システムのよさを享受しながら、昔ながらの共同体のよさも享受したいと願うのは当然ですが、「いいとこ取り」ができないのが社会の厄介なところです。

では、こうした日本社会の変容を、社会システム理論から一般化してみましょう。

「安全・快適・便利」を求めて

宮台　社会システム理論は、マックス・ウェーバーの枠組みを出発点に、アメリカの社会学者タルコット・パーソンズによって打ち立てられました。それを、ドイツの社会思想家、社会哲学者ユルゲン・ハーバーマスが応用的に展開し、1960年代にハーバーマスに論争を挑んだ社会学者ニクラス・ルーマンによって、きわめて高度な理論的枠組みへと彫琢《ちょうたく》されました。

ハーバーマスは「生活世界」と「システム（市場と行政）」という対立概念を使いますが、ルーマンは「生活世界」と「システム」を含む全体をシステムと呼びます（ユルゲン・ハーバーマス『公共性の構造転換（第2版）』細谷貞雄・山田正行訳、未来社、1994年、原著初版は1962年刊）。そこで混乱を避けるために、ハーバーマスが用いる対立概念を「生活世界」と「システム世界」と呼ぶことにします。みなさんはもう容易に想像できるでしょうが、かつてわれわれは生活世界から多くの便益を調達していましたが、現在ではもっぱらシステム世界から便益を調達するようになっています。

では、生活世界とは何でしょうか。生活世界とシステム世界を比べながら明らかにしましょう。端的にたとえるなら、生活世界は「地元商店的」で、システム世界は「コンビニ的」です。生活世界では、そこにかかわる人々は顔見知りです。だから、そこでのコミュニケーションは、顕名的・人格的・履歴的です。

顕名的・人格的・履歴的とは、地元の商店に買い物に行った客が店主に「前みたいにまけてよ」と言うと、店主が「持ってけ、泥棒！」などと言って値引きに応じたりすることです。それは、客が常連で、店主も長く地元での店を経営しているからで、当然そうした人間関係は個別的で特定的です。人間関係を熟知している店主の代わりを務められる人はいないという意味で、人材の入れ替えは容易ではなく、人口学的な流動性の低さを前提としています。

また、生活世界は、慣習やしきたりを重視します。それは、生活世界が、共同体意識つまり仲間意識によって成り立つからです。仲間意識は、物事を同じように体験できることを前提とします。物事を同じように体験するには、慣習やしきたりのシェアが不可欠です。そのことが、共同体の「ウザさ」や「不自由さ」の原因になります。メンバーが何かをやろうとしても、「うちらのしきたりと違う」とか「勝手なことをやるな」などと言われるわけですね。

その一方で、生活世界では、メンバーが法やルールを犯す逸脱的行為に走った場合、「こいつは本当はいいやつだ」とか「なぜこいつがあんなことをしたかというと……」という具合にメンバーを弁護する人が現れます。これを「共同体的温情主義」と呼びます。つまり、人の一面だけに閉じない全体的で包摂的な人間関係があったのです。もちろん共同体の中でも損得勘定は働きますが、

図表2-4｜生活世界とシステム世界

生活世界	システム世界
地元商店的	コンビニ的
顕名的	匿名的
人格的	没人格的
履歴的	単発的
入れ替え不可能	入れ替え可能
低流動性	過剰流動性
慣習やしきたり	マニュアル&役割
全体的・包摂的な人間関係	部分的・機能的な人間関係
善意と内発性（徳）	損得勘定（計算）

折に触れてそれを超える「善意と内発性」が機能したのです。

他方、システム世界のコミュニケーションは、匿名的・没人格的・単発的です。コミュニケーションの相手は初めて会った人か、前に会っていてもそのことを忘れている人です。コンビニでの買い物がそう。店員はネームプレートをつけていますが、客からクレームがつけられたときに対応するためです。僕らは店員の名前をおぼえないし、店員が辞めてもショックは受けない。店員に「まけてよ」と頼んでも、まけてくれることなんて絶対にありません。

そんなシステム世界では、慣習やしきたりではなく、マニュアルに従って役割を演じることが重視されます。そのため、人間関係は全体的・包摂的ではなく、部分的・機能的なものになります。だから、人々は、「善意と内発性」ではなく、「損得勘定」だけで行動します。期待できることと期待できないこと、やってもらえることとやってもらえないことは、あらかじめわかっているので、楽ちんです。つまり、コミュニケーションのコストが下がるのです。

このように、生活世界とシステム世界はまったく異なります。ただし、ある日突然、生活世界を捨ててシステム世界に依存するようになったのではありません。1960年代に団地化が始まった頃を見ても、以前ほどではなくても、地元商店や団地の近所づき合いのような生活世界はまだあり、スーパーマーケットのようなシステム世界は小さなものでした。人々は時折「安全・快適・便利」を求めてシステム世界の「つまみ食い」をしていただけでした。

ところが、システム世界の損得勘定になじんでいくうちに、人々は安全・快適・便利しか考えなくなります。安全・快適・便利こそ、損得の中身だから、仕方ありません。すると、人々は、より安全な、より快適な、より便利なシステムを望み、それに依存するようになります。システムの側も、それに適応して、ますます安全・快適・便利を提供するようになり、多くの人々を抱え込んでいくようになります。

その結果、生活世界は、システム世界にどんどん侵食され、気がつけば、生活世界が跡形もなくなっています。これが、日本で起きた「システム世界の全域化＝共同体の空洞化」です。長期的に見れば、世界のどこででも起こりうることです。後で議論しますが、それに対する抵抗力には差異があるし、共同体の崩壊を当然視していない国や地域も相当あります。ところが日本では、この問題が、どこよりも先行して、きわめてスピーディに進行しているのです。

質疑応答 システムの外を大切に

アイダ　以前、孤独死について仕事で調べたことがあるのですが、男性の方が女性よりも孤独死が多いのは、仕事中心に生きてきた人が退職や離職をしてしまったときに、会社以外に所属するコミュニティを持っていないことが理由の一つでした。だから男性も地域のコミュニティにもっと参加するようになれば、孤独死を防げる可能性がありますが、コミュニティに参加するには時間が必要ですし、長時間労働が当たり前のようになっている今の状態ではそれも難しく、まずは働き方を変えていくべきではないかと思っています。この点についてどうお考えでしょうか。

宮台　その通りだと思います。結論的に言うと、日本は、これから経済的にかなり長期間のダウントレンドに入ります。ということは、仕事の外、組織の外、市場の外に、共同性に満ちた関係を持たない人が、生きていくのは難しくなるということです。たとえば、孤独死を防ぐには、各戸にメディカル・サーベイランス・モニターをつけることが有効ですが、個人にも行政にもそのために必要なお金がなくなっています。

さらに言えば、日本は災害大国で、気候変動を背景にして今後どんどん災害が起こります。災害時には、市場も行政も止まりがちです。だから、システム世界の外に生活世界を持たない人が現実に死んでいくことになります。だから僕は20年間ずっと「システムの外を大事にしろ」と言い続けてきました。今まで誰も耳を傾けませんでしたが、今後は僕が言わなくても、生き残るために、システムの外にある生活世界を大事にするようになるかもしれません。

カワカミ　「安全・快適・便利」への欲求が満たされるシステム世界への依存が加速するという展開はとてもよくわかるのですが、生活世界にもそれと同等か、それ以上の価値はないのでしょうか。この変化は、不可避なのでしょうか。

宮台　社会の変化は、親の世代から子の世代、子の世代から孫の世代へと段階的に進みます。たとえば、僕たちが子どもの頃は「打ち上げ花火の水平打ち」という遊びがありました。みなさんは打ち上げ花火を空に向けて打ちますが、僕らが子どもの頃は水平に打って戦争ごっこをしました。もちろん禁止されていたけれど、平気でルールを破りました。絶対的な享楽があったからです。享楽の中で仲間と一体化できるのなら、決まりも破る。つまり「法よりも掟」だったのです。掟とは、仲間うちのルールで、「近くからは打たない」といったものです。

ところが、システム世界に依存する人たちが増えると、そうした遊びができなくなります。なぜなら、システムが法に基づいて回るため、法を守ることを当然視する大人が増えるからです。そういう大人は、子どもたちに「法を破ってはいけない」とマジ顔で説教します。それが１９８０年代に実際に起きたことで、僕たちの世代がやっていた遊びはほとんどできなくなりました。するとどうなるか。子どもたちは、法の外で仲間と一体化する喜びを知らずに育つようになります。システム世界の全域化は、そんなふうに展開していきました。

60年代の団地化の中で育った子どもが、親になるのが80年代です。安全・快適・便利になることを「ジェントリフィケーション」といいますが、80年代のコンビニ化に伴うジェントリフィケーションに前提を与えたのが、60年代の団地化です。そして、80年代のコンビニ化の中で育った子どもが、成人するのが90年代です。後で見るように、90年代後半から若い世代の性的退却や友人関係の希薄化が進みますが、その前提を準備したのが、80年代のコンビニ化です。世代を重ねるごとに、システムへの依存が進んでいくのです。

パク　韓国は１９８０年代以降に経済成長や技術進歩が進んだことで、今は日本とあまり変わらない社会になっているのですが、私が日本に来て驚いたのは、マンションのエレベーターで一緒になった人が挨拶をし合うことでした。韓国ではそういう習慣はほぼなくなっているので、ちょっとうらやましく思ったのですが、これは日本人と韓国人の精神面の違いなのでしょうか。

宮台　うーん、それは例外的なマンションでしょう。日本ではマンションの多くでは挨拶はしないし、マンションの一部は「挨拶禁止」を明文化しています。「子どもに声をかけてはいけない」というルールを設けている自治体もあります。他方、マンションによっては、ゴミ出しを管理人に任せず、住民みんなで分担してやったり、地域のつながりを取り戻すために行事を催したり、共同で子育てをするための施設をつくったりもしています。

そうした違いは、住民の民度の違いによって生じます。挨拶禁止は、コミュニケーションのコストダウンです。でも、コストダウンしか頭にない住民たちがいる一方、「コストダウンだけではさびしい、何か足りないものがあるから、それを取り戻そう」と考える人たちもいます。韓国でもそれは同じだと思います。「マンションの住民同士が挨拶し合わないのはさびしいし、みんなでできることが何かあるんじゃないか」と感じている人もいるはずです。

パク　いるにはいると思いますが、つながりを壊すか残すかの違いが極端すぎて、中間がないような気がしています。

宮台　日本も同じです。そうした両極端化は、これからもっと進行していきます。つながりが薄くなっていく中で、どう振る舞うかという行動方針を立てようとすると、必ず「コスパ派」と「反コスパ派」の分極化が起きます。なぜなら、「つながりの喜びを知る人」と「知らない人」がいて、中間がないからです。そして、「つながりの喜びを知らない人」は、今話した「親から子へ」という歴史的な経緯の中で生み出されてきたものです。

第2章のまとめ

先進国では、システム世界の全域化と共同体の空洞化が進行している。その結果、表層に浮上しているのが、孤独死や人間関係の希薄化といった問題だ。

ここには、前章で見た構造的貧困と同じ構図が存在する。一つは、「安全・快適・便利」を求める僕らの合理的な判断と行動の積み重ねが、人間同士の関係性を根本的に変化させ、僕らの精神的安定性を失わせているという点だ。短期的な便益を享受するために意図的にシステムに依存する行為（自律的依存）が、気がつけば、システムなしには生きられない他律的依存に頽落する。

もう一つは、悪役の不在だ。システム世界の全域化を推し進めているのは、邪悪な為政者でも、陰謀を画策する秘密結社でもない。安全・快適・便利を求めて地元商店ではなくコンビニを利用する一人ひとりの消費者たち、顧客のニーズ・ウォンツを充足しようと企業活動に勤しむ善良なビジネスパーソンたちの行動が原動力となって、システムは全域化していく。その結果、僕らは多くのものを失うが、この流れに抗おうとするならば、向き合うべきは、僕ら一人ひとりの中にある安全・快適・便利への欲望にほかならない。

こうした社会変容を理解するうえで指針を与えてくれるのが、ニクラス・ルーマンらが提唱した社会システム理論だ。生活世界とシステム世界を対比することで、僕らはより明確に社会変容の正体を掘り下げて理解できる。そして、この対比は、本書での議論と分析を貫く枠組みを提供してくれる。

生活世界は、人間関係が記名的、履歴的だ。それゆえ維持にコストがかかるが、その負担を覚悟しないと、システム世界の侵食を許してしまう。しかも、いったんシステム世界の全域化が始まると、社会の変容は基本的に不可逆となる。というのも、生活世界の維持をみんなで図ろうとしても、必ず誰かが抜け駆けしてシステム世界の便益を享受しようとしてしまうからだ。その誰かは、他の人々と違って生活世界にフリーライド（タダ乗り）するだけで、維持に努力を払おうとしない。また、そもそも他の人々とは価値観が異なっていて、システム世界で生きることを能動的に選択する。同じことは、新興国や途上国においても、その文化的・宗教的背景によって進行の度合いに違いはあるにせよ、起こりうる。

生活世界とシステム世界には、それぞれプラス面とマイナス面があるが、厄介なのは、社会が「つまみ食い」を許さないということだ。では、僕らは未来に向けてどんな社会を選択しうるのだろうか。本書の問題意識もそこにある。「昔はよかった」という「三丁目の夕日」症候群的なノスタルジアに浸るのではなく、「いいとこ取り」というありえもしない楽観に逃避することもなく、未来を選択する。それが、僕らが本書で掲げる挑戦にほかならない。

Chapter 3

第3章

郊外化がもたらす不全感と不安

ここまで読み進んだ読者のみなさんの中には疑問を抱く方もおられるだろう。「安全・快適・便利」の何が悪いのか。システム世界が生活世界を侵食していくのは必然であり、その流れに逆らっても仕方がないのではないか。そんなふうに感じている方もいるに違いない。

だが、僕らの見方は違う。それは、システム世界の全域化が、社会に生きる僕ら一人ひとりの人間としての存在を不確かにし、見過ごすことのできない負のインパクトを与えているからだ。このインパクトの本質を理解するために、本章では、まず無差別殺人事件を取り上げて議論する。そして、犯人の言動から読み取れる「感情の劣化」について考える。システム世界の全域化と感情の劣化には明らかな関係があるのだ。

無差別殺人を例に出すのは荒唐無稽に思われるかもしれない。たとえシステム世界が全域化しようとも、僕らが無差別殺人を犯すことなど考えられないだろう。しかし感情の劣化は、程度の差こそあれ、社会全体で起こっており、僕らも多かれ少なかれ、システム世界の全域化のインパクトにさらされている。それは、ネトウヨや高齢者クレーマーの増加といった現象とも深くかかわっているのだ。

こうした人間存在の変容は、もちろん日本だけの問題ではなく、世界中どこでも起こりうるものだ。けれども、日本社会はそうした状況に対してとりわけ脆弱《ぜいじゃく》であるという特異性を抱えている。果たしてそれはなぜなのだろうか。他国と比較しながら解き明かしていこう。

ディスカッション

秋葉原事件の犯人はモンスターなのか

宮台　日本では近年、無差別の通り魔殺人事件が頻発しています。つい先般も、小田急線、そして京王線の車内で立て続けに無差別刺傷事件が起こったばかりです。

ここでは、今でも記憶に新しい「秋葉原通り魔事件」を取り上げます。この事件は２００８年６月８日に起きました。当時、25歳だった元派遣労働者の加藤智大が、日曜日の人出でにぎわう東京・秋葉原の歩行者天国にトラックで突っ込んで通行人を次々にナイフで刺し、７人を殺害、10人に重軽傷を負わせました。

なぜ加藤はこのような凶行に走ったのか。事件後に放送されたＮＨＫのドキュメンタリーが、彼の生い立ち、供述内容、インターネット掲示板への書き込み、周辺の証言などを分析して、事件の真相に迫っています。丹念な取材から浮かび上がってきたのは、かつての優等生が受験で挫折したことによって家族とのつながりを失い、派遣労働者としての生活に不安を抱えながら、次第に現実社会でもネット上でも孤立を深めていく姿です（ＮＨＫスペシャル『追跡・秋葉原通り魔事件』２００８年６月20日放送）。

そこでみなさんにお聞きしたい。加藤智大という犯罪者はきわめて例外的な〝モンスター〟なのか。それとも、ふつうの人だって加藤のような人間になる可能性があるのか。可能性があるとしたら、どのような環境がそうさせるのか。

サトウ　私は、事件を起こした加藤は例外的なモンスターではないと思いました。家庭でも職場でも居場所がなくなってしまったという事情や、受験や就職で再チャレンジがしにくい社会になってしまっていることが彼を凶行に走らせたように感じます。

ヤマモト　僕は彼の気持ちが理解できるような気がしています。人は徹底的に否定され続けると、どれだけ自分を肯定したいと思っていても、脳内にもう一人の自分みたいなものが出てきて、最悪の形で自分を否定するんです。加藤は事件を起こす前、携帯電話の掲示板に自分の不幸な生い立ちを書き込んでいますけど、不幸であることさえ馬鹿にされるんじゃないかと思っていたのではないでしょうか。

イシカワ　加藤の家庭のように、親が子どもに「いい学校に行ってほしい」と強く求めていると、子どもが失敗したとき、親子の関係も崩れていってしまうのだと感じました。

スズキ　他者との比較の中にしか自分の相対的な価値を見いだせない人が育ってしまうような環境も、この事件の背景にはあるのではないかとも思いました。

イトウ　私は、他者とのコミュニケーションが上手ではない人が派遣労働の制度やネット掲示板といったツールを使うと、その傾向がますます助長されてしまうのではないかと思いました。

チャン　中国から日本に来て10年以上になります。至善館の宗教社会学の科目でも学んだのですが、人の苦しみに意味や救済を与えるのは宗教だと思います。その点、日本人にとってはあまり宗教が身近でないので、孤独とか不安とか苦しみを意味づけるのが難しくて、よけいにつらくなってしまっているような気がしています。

「無敵の人」が示した共感

野田　宮台さんの解説に入る前に、もう一つ事例をつけ加えておきます。

秋葉原事件から4年後の２０１２年から翌２０１３年にかけて、人気漫画『黒子のバスケ』の作者の出身大学に硫化水素入りの容器が置かれたり、同作品関連のイベントが開催される予定だった会場などに脅迫状が次々に送りつけられたりする事件が起きました。

これが、いわゆる『黒子のバスケ』脅迫事件であり、２０１３年12月、元派遣社員Wが威力業務妨害容疑で逮捕されました。

公判でWは起訴事実を認め、「自分はこの事件の犯罪類型を『人生格差犯罪』と命名していました」「こんなクソみたいな人生、やってられるか。とっとと死なせろ！」などと語りました。

また、意見陳述書では以下のように述べています。

「自分のように人間関係も社会的地位もなく、失うものが何もないから罪を犯すことに心理的抵抗のない人間を『無敵の人』と表現します」

「これからの日本社会はこの『無敵の人』が増えこそすれ、減りはしません」

「日本社会はこの『無敵の人』とどう向き合うべきかを真剣に考えるべきです」

実はWは、秋葉原事件で公判中だった加藤に対して共感を表明しています。陳述書の中で「加藤被告と自分との違いは、たまたまその瞬間に思いついたことが違っただけにすぎません。自分の罪名が殺人にならなかったのは運だけで決まりました」とつづっています。

それまでマスコミの取材を一切拒否していた加藤も、Wの陳述書を読んで「意味がわかる」という内容の手紙を雑誌社に書き送っています。

Wが懲役4年6カ月の実刑判決を受けたのは2014年の秋です。判決後のコメントは「刑務所に4年以上住まわせていただけることが決定した判決に喜んでいます」というものでした。

感情が壊れた人間による動機不明な犯行

宮台　秋葉原事件を起こした加藤智大、あるいは『黒子のバスケ』脅迫事件を起こしたWのような人間を理解するためには、まず、彼らが精神障害ではなく、人格障害であるという事実を理解する必要があります。

精神障害は心の病気だとされます。日本では刑法39条で「心神喪失者の行為は、罰しない」と定めており、精神障害者が刑事事件を起こしても「悪いのは当人ではなく、病気である、だから病気を治せば問題は解決する」というふうに考えます。他方、人格障害は、かつて性格異常と呼ばれていたもので、病気ではなく、単に感情の働きがふつうではない、感情が壊れているということです。だから「そういう人が事件を起こした場合は、当人が責任を負うしかない」と考えられ、刑の減免は認められません。

ただし、人格障害が生まれつきかというと、そうではありません。人格障害の重要な要因は、成育環境です。感情の働きの多くは習得的で、人がどんな人間関係の中で育ってきたかで異なってきます。どんな環境が要因で「感情が劣化した」人間、さらには「感情が壊れた」人間が量産されるのか。感情のまともさを測る物差しは、社会や時代によって変わります。そのことがここでのヒントになります。

一つは、共通感覚を育む機会、とりわけ子どもたちの外遊びが失われた環境です。仲間をつくる能力は、外遊びなどを通じて共通感覚を養うことで培われます。相手に共通感覚を期待できれば、潜在的には仲間です。逆に、共通感覚を期待できなければ、相手はモノや風景と同じになりえます。90年代半ば以降、電車内での化粧や繁華街でのヤンキー座りが目立つようになりました。これはまさに「仲間以外はみな風景」という感受性です。

共通感覚は、社会によって、時代によって、変わります。打ち上げ花火の水平打ちの話をしましたが、僕や野田さんが子どもの頃は、カエルのお尻に爆竹を入れて爆破する遊びや、ミミズを切り刻む遊びもやりました。僕らの世代は、「法」の外での享楽をシェアすることで、共通感覚に支えられた「掟」を育み、仲間をつくる喜びを知ったのです。

今はそんな遊びは許されません。正確に言えば昔も許されなかったのですが、だからこそやっていたのです。昨今では親や先生の目が届かない外遊びの機会そのものが減りました。そういう環境だと、子どもたちは、仲間と一緒にいる喜びを知らないまま育ち、仲間をつくる仕方もわからなくなります。

僕らが子どもの頃は誰もが同じような外遊びをし、それゆえ誰に対しても共通感覚を期待できました。僕の小学校の教室には、僕みたいな団地の子だけでなく、農家の子、地元商店の子、ヤクザの子、医者の子が雑多に混ざって一緒に遊びました。男子も女子も団子のように一体になって、日が暮れてもドッジボールやブランコの柵越えジャンプを「黒光りした戦闘状態」でやりました。こうして、いわば標準的な感情の働きについての合意が育まれました。

つまり、第1に、法の外での外遊びの共同身体性を通じて、共通感覚を育んで「本当の仲間になる」営みが消え、第2に、家庭環境がまったく違ってもゴチャゴチャに混ざって遊ぶことで「誰もが共通感覚を持っている」という感覚を育む営みが消えました。それが友だちになりにくい状況を生み出し、それゆえにますます共通感覚を育みにくくなるという悪循環が回っています。その結果、感情の働きの分散（ばらつき）が広がり、一部にかつてありえなかったような感情の働きを人に対して示す「感情が壊れた」人間を生み出すことにつながります。

もう一つ、幼少期・青年期における「ナナメの関係」が消失した環境も、感情が壊れた人間を生み出す要因となります。親との関係を「縦」、友だちとの関係を「横」とすると、親せきのおじさんや近所の変なおじさんなどとの関係は「ナナメ」です。その機能は、親による子どもの抱え込みを緩和したり、親の思い込みが子どもに刷り込まれるのを防ぐことです。

ＮＨＫドキュメンタリーにも出てきますが、秋葉原事件を起こす前、加藤はネット掲示板上にこんな書き込みを上げています。

「親が周りに自分の息子を自慢したいから、完璧に仕上げたわけだ」

「県内トップの進学校に入って、あとはずっとビリ。高校出てから8年、負けっぱなしの人生」

要するに、進学校に入ったけど、その後はすべてがうまくいかなかった、自分がそんなふうに挫折したのはすべて親のせいだ、自分の人生はもう取り戻せないんだ、と言っています。この書き込みから、厳しい親に抱え込まれて育った彼が、勝ち負けだけに反応するような画一的な価値観、つまり非常に貧しい物差しの中にはまっていることがうかがえます。

けれども、世の中には本当にいろんな人間たちがいて、さまざまな生き方や多様な価値観があります。親せきのおじさんや近所の変なおじさんが周囲にいれば、子どもは、そうした人たちの生き方や価値観にもふれることができ、保護者の価値観を相対化できるようになります。ところが、ナナメの関係が消失している環境ではそれができないのです。

そして、さらにもう一つ、過剰流動的な環境も、感情が壊れた人間を生み出す要因となります。過剰流動的というのは、派遣労働がまさにそうですが、個人の入れ替えが頻繁であるということです。過剰流動的な社会は、人間の尊厳を喪失させがちです。なぜなら、誰も自分のことを「かけがえのない＝入れ替え不可能な」存在として、認めてくれないからです。

尊厳は、英語でディグニティですが、よく自己肯定感と言い換えられます。でも、尊厳と自己肯定感は異なります。自己肯定感は、たとえばＳＮＳで「いいね」ボタンを押してもらって「ああ、うれしい」と感じることも含みます。尊厳は、それとはまったく関係がなく、「持続的な変わらぬ自己価値を持つ」という感覚です。そうした自己価値を持つ人間は、「いいね」を必要としないし、どこの馬の骨とも分からぬ人たちに「いいね」ボタンを押してもらってもうれしくありません。

加藤は、派遣労働の仕事に就いていた頃、掲示板にこう書き込んでいます。

「私の仕事も仕事と認められませんからね」

「誰でもできる簡単な仕事だよ」

「時々、自分は必要ないんじゃないかと思わせられる」

「最近は時々じゃない。いつも、だ」

つまり、加藤は自分には入れ替え可能なポジションしか与えられていないと強く感じていた。ここに重要な問題が潜んでいます。それは、精神科医の斎藤環さんが指摘しておられることですが、自身を入れ替え可能な存在だと思う人間は、他者のことも入れ替え可能な存在だと見なすということです。

事件直後、加藤は殺害対象について「誰でもよかった」と供述しています。同じセリフは他の無差別殺人事件の容疑者の口からもしばしば語られます。そのことから、自分が誰でもいい存在として扱われてきたと感じる人間は、他者のことも誰でもいい存在と見なし、そうした相補性が「誰でもよかった」というタイプの犯罪につながっていくのだと推定できます。

孤独に耐えられない私たち

宮台　システム世界は、人間関係を希薄にし、人を孤独にします。だから、システム世界の全域化＝汎システム化は、人間存在にとって重大な意味を持ちます。もともと人間がゲノム的に孤独に耐えられないからです。太古の昔から、人類にとって他者とのかかわりは生存に不可欠でした。野生動物から身を守り、狩猟で十分な栄養を摂取して、安全に暮らし、子育てもする、これをひとりではできないから、人間は集団生活をする社会的動物になりました。

人が孤独に耐えられないのは、そのためです。僕らの祖先が生きていくうえでの脅威は、集団と調和できなかったり、集団から疎外されたりすることでした。そういう死活的事態を避けるために、人類の脳は孤独に社会的苦痛を感じるように進化したのです。孤独に耐えられないがゆえに人とのつながりを求める人間の方が、進化生物学的に生き残りの確率が高かったわけです。孤独に弱いのは、われわれ人間にとってユニバーサルなゲノム的基盤です（孤独についての議論は、Louise C. Hawkley, and John T. Cacioppo "Loneliness Matters: A Theoretical and Empirical Review of Consequences and Mechanisms", Annals of Behavioral Medicine 40（2）218-27（２０１０年）に詳しい）。

加藤もWも非常に孤独な人間です。生活世界が十分に残っていた頃は、人間が孤独にむしばまれるような成育環境や、孤独感がひたすら強化されるような環境は、まれでした。子どもたちは外遊びを通じて共通感覚を養い、対人能力を培いました。育ち上がりの価値観ゆえに抱いてしまった思い込みを、近所のおじさんからのおせっかいな忠告などナナメの関係からの介入によって緩和してもらえましたし、自分を入れ替え可能な存在と見なして尊厳を失うこともありませんでした。

ところが、生活世界がシステム世界に置き換えられていくと、進化生物学的な過程で人類が構築してきた共同体が、短期間につくり変えられていきます。その結果、本来耐えられないはずの孤独にさいなまれる人たちが量産され、中には孤独ゆえに犯罪を起こす人も出てきます。それが現在の社会の姿です。加藤智大やWのような人間は、システム世界の全域化＝汎システム化の産物だと言えます。

ディスカッション

単純無差別か、条件つき無差別か

野田　ここからは秋葉原事件のような無差別殺人は日本だけに特有な現象なのかということについて考えます。

みなさんもよくニュースでご覧になるかと思いますが、近年、アメリカでは学校などでの銃乱射事件が頻発しています。「スクール・シューティング」と言われます。

アメリカでは、銃撃犯によって3人以上が殺害される事件は1980年代に8件起きました。90年代には23件起きて159人が死亡、2000年代には20件起きて171人が死亡しており、2010年代に入ってからも、各地で乱射事件は相次ぎました。大きなトレンドとしては、年代を追うごとに増加傾向と言ってもいいでしょう。

現地の報道によれば、こうした銃乱射事件では犯人のほとんどは白人の若い男性です。社会になじめずにいる人が凶行に及ぶケースが多く、犯行は計画的であると言われています。

銃乱射事件はアメリカ以外でも見られます。たとえば、ノルウェーでは2011年7月、男が首都オスロの政府庁舎を爆破して8人を殺害した後、近郊のウトヤ島で銃を乱射し、サマーキャンプに参加していた若者ら69人を殺害する事件が起きました。犯人はキリスト教原理主義者を名乗り、動機については「イスラムから西欧を守るためにやった」と供述しました。

また、ニュージーランドのクライストチャーチでも2019年3月、イスラム教のモスクで銃乱射事件が起き、51人が犠牲となりました。犯人の男は頭上カメラで犯行の様子を撮影しており、乱射の映像はフェイスブック・ライブを通じて配信されたため、世界に衝撃が走りました。

このように、日本の無差別殺人では「誰でもよかった」という動機が特徴的なのに対し、海外の無差別殺人は、同じ学校の教師や学生、あるいは、他のエスニックグループといった特定された対象に対する犯行という違いがあります。

ウルマニス　欧米の無差別殺人に共通しているのは、犯人が社会に対して不満を抱いていることだと思います。白人の犯行が多いのは、移民の問題と関係しているのではないでしょうか。

宮台　その通りです。欧米の事例を理解するのに重要なのが、社会学で言う「相対的剝奪感」と「外部帰属化」という概念です。人は、絶対的な不満というより、何かを比較の対象とした不満、「過去よりもひどい」とか「周りよりも状態が悪い」といった不満を感じやすい。これが相対的剝奪感です。加えて人は、わかりやすい異物や、昔はなかったような対象を指して、「悪いのはこいつらだ」と決めつけがちです。これが外部帰属化です。

欧米では、過去と比較して自分たちのポジションが相対的に低くなったと感じる白人が増えており、そうなったのは移民のせいだと考える白人も多い。それが、白人による銃乱射事件が多い理由だと考えられます。

グィエン　日本の場合は、正しい生き方が決められており、その通りに生きられないと社会で認められなくて不満が発生するのかもしれませんが、ベトナムではいろいろな生き方が認められていますし、ナナメの関係も社会の中にまだあるので、犯罪が起きたとしても、その理由は主に経済的なものです。

その意味で、アメリカのケースが私にはよくわかりません。多様な生き方が認められているはずのアメリカで、他人の生き方を否定する人や、悪いことを外部のせいにする人が出てきているというのはどういうことなんでしょうか。

宮台　大事な論点です。40年、50年前の日本社会に見られた多様性や、現在のベトナム社会にある多様性は、メルティングポット（るつぼ）にたとえられるもので、さまざまな人たちが混ざり合った多様性です。たとえば、学校に行けば、農家の子も、商店の子も、医者の子も、ヤクザの子もいるというふうに。

ところが、現代のアメリカや一部の先進国での多様性は、多くの場合ゾーニングされた多様性です。白人ゾーンと黒人ゾーンとヒスパニックゾーン、あるいはリッチゾーンとプアゾーンとミドルゾーンというふうに。なので、多様性の意味が違っていて、人々が「俺たちが不幸なのは、自分が属するゾーンの外にいるやつのせいだ」というふうに感じやすくなっているのです。同じことは日本でも生じていて、在日コリアン差別や生活保護受給者差別の原因になっています。

日本で起きる無差別殺人と、日本以外の国々で起きる無差別殺人には、共通点と相違点があります。共通するのは、いずれの背景にも、汎システム化にともなう個人の感情的劣化があることです。他方、相違点は、無差別殺人が「単純無差別」なのか「条件つき無差別」なのかということです。

日本の無差別殺人者は「社会全体が自分をダメにしている」という妄想にかられて事件を起こし

ます。この場合、殺害対象は文字通り「誰でもいい」ので、「単純無差別殺人」だと言えます。スプリットされたゾーニングが日本より激しい社会では、「自分が不幸なのは黒人が悪いからだ」「イスラム教徒が悪いからだ」というふうに「○○が社会をダメにしている」という妄想にかられ、ターゲットを設定した「条件つきの無差別殺人」を起こします。

そうした違いは、移民・難民問題や人種・宗教問題が、どれだけ目に見えるかに起因します。日本では、差別対象が目に見える形ではあまり存在しない。実際、在日コリアンかどうか、生活保護受給者かどうかは、見かけではわからない。だから「○○が悪い」とする条件つき無差別殺人ではなく、「社会全体が悪い」と考える単純無差別殺人が起きやすいのです。

質疑応答 無差別殺人の犯人はなぜ男性が多いのか

オオヤマ 外遊びの経験が減ったことが共通感覚を身につけられなくなったことの要因だというお話でしたが、そういうものを身につける方法の一つとしてスポーツは考えられないでしょうか。

宮台 考えられます。僕の本務校のゼミは20歳以上ばかりですが、僕が言う感情的劣化、つまり「他人になりきれない」「自分のことしか考えられない」という状態を、半年や1年で脱する人たちが少なからずいます。彼らにはおおまかな共通点があります。小さい頃に武術をやっていたとか、テニスの選手を目指していたとか、合唱・合奏を長くやっていたことなどです。

先ほど、親や先生が顔をしかめるような残酷な遊びや危険な遊びをしたり、大人の目が届かないところで秘密基地ごっこをしたりして、法の外での享楽をシェアすることが、共通感覚の醸成に役立つのだと言いました。法の外での享楽という言葉を聞いて、「あのときのあの感覚を指しているんだな」と想像できることが重要で、小さい頃からスポーツや音楽のセッションを激しくやった経験がある人の中にはそれができる人が多いと言えます。

オオヤマ　30代や40代の大人になってからスポーツや音楽を始めても、共通感覚を育むことはできるのでしょうか。

宮台　難しい。小さい頃の経験に思い当たるものが多数あれば大丈夫です。他方、かつてと比べて、若い人たちはあらゆる面で経験値が低くタブラ・ラサ（白紙）に近い状態です。だから、20歳代になっても映画や音楽などのコンテンツを使った体験を与え続ければ、かつての共通感覚に近いものを育めます。

キム　無差別殺人を起こす人は自殺心理に近いもの、「もう自分の人生はここで終わりだ」というような心理状態にあるのでしょうか。というのも、韓国は自殺がすごく多い国なんですけど、無差別殺人はそんなに多くありません。

宮台　多くの社会学者や精神分析の学者は、無差別殺人は他人を巻き込んだ自殺だと考えています。捕まらないことを前提とした犯罪ではなく、捕まって死刑になることを覚悟したうえでの犯罪なので、間接的な自殺だと言えます。じゃあ、なぜ「人を巻き込んで」自殺するのか。それは、すでに話したような怨念を抱えているからです。

　次に、韓国では自殺が多いのに、間接的な自殺と言える無差別殺人が少ない理由についてです。個人的推測を言えば、韓国で自殺が多いのは、自己責任原則が貫徹する国だからです。韓国は日本よりもはるかに激しい競争社会で、大学に進学してもいい会社に就職できるわけではなく、ひたすら競争し続けなければいけない。そうした社会状況が自己責任原則のメンタリティを育て上げ、無差別殺人よりも自殺を選びやすい傾向が促進されているのでしょう。

フクシマ　無差別殺人事件を起こすのは日本でも世界でも男性の方が多いというのは、何か理由があるのでしょうか。

宮台　まさに「待ってました」と言うべき素晴らしい質問です。僕が1980年代に幾度かやった大学生を対象とした大規模統計調査では、男性よりも女性の方が友だちが多いのです。つまり、孤独というファクターについて見ると、男性の方が孤独にさいなまれやすいことがうかがえます。

　じゃあ、それはなぜか。もちろんゲノム的ベースの違いも考えられますが、社会学者の多くが注目するのは、ジェンダー・ディスクリミネーション（社会的な性差別）です。男性は差別されない分、高いポジションやステータスを手に入れやすい。女性は差別される分、低いポジションやステータスに甘んじなければならない。

するとどういうことが起こりやすいのかを想像してください。男性は友だちが少なくても孤独でも、競争に勝っている限りにおいては「俺は勝ち組だ」と思っていられます。しかし、女性に比べれば「勝って当然」ですから、勝ち組になれなかったら一気に丸裸になり、相対的剝奪感を抱きやすくなります。

他方、女性はもともと社会的上昇の可能性が低く抑えられているため、しあわせに生きていくには、男性が注目しにくいファクターを大切にして、友だちもたくさんつくるし、人間関係も大切にしなければならない。だから、勝ち組になれなくても相対的剝奪感は抱きにくい。「弱者は、システム世界＝法よりも、生活世界＝掟を頼る」というのが社会の摂理です。

シュナイダー　アメリカのコロンバイン高校で起きた銃乱射事件は犯人が2人いました。ということは、彼らは孤独ではなかったのかなとも思うんですが、自分のことを理解してくれる人が近くにいても無差別殺人を起こしてしまうというのは、どういうことなのでしょう。

宮台　それは、疎外された人間同士の結びつきとしての2人だからです。簡単に言うと、「1人さびしい」じゃなくて、「2人さびしい」ということです。もちろん「1人さびしい」よりも「2人さびしい」の方がましだと言えます。しかし「2人さびしい」という状態では、お互いの孤独を癒やすというよりも、「俺たちは疎外されているよね」「復讐してやろうよ」というふうにお互いに社会に対する敵対感情を強化し合うことにもなりえます。

同じことは、たとえばかつての日本のオウム真理教のようなカルト教団の内部でも起こりえます。被害感情や怨念を抱える人間たちが結束して、反社会的な活動に向けて、お互いに励まし合うといったことが起こるのですね。ただ、それは本当の意味での仲間ではなくて、怨念がなければ結びつかない関係、怨念があるからたまたま結びついているだけの関係であることが多いのです。

ディスカッション

広がる排外主義、横行するヘイトスピーチ

野田 このあたりで先に進みましょう。改めて全体像を整理すると、この講義の目的は、社会システム理論にふれることによってみなさんに社会を見る目を養っていただき、社会変容のメカニズムやプロセスを体感していただくことにあります。おそらく、みなさんの頭の中にも、現在の社会が抱えている問題を概念化し、その背景にあるドライバーを理解して未来を予測するためのフレームワークがだんだん入ってきたと思います。これから講義がさらに進んでいくにしたがって、社会と個人のかかわりが過去から現在にかけてどんなふうに変わってきたか、現在から未来に向けてどの

ように変わっていくのかということが、よりはっきりと見えてくるはずです。

ここまでは、社会の変容が個人に与えるインパクトを、日本や欧米の無差別殺人事件を題材に分析してきました。みなさんは、殺人といった凶行に走る個人はごくごく例外的であり、感情の劣化と言われても自分には関係ないと思っておられるかもしれません。

しかしそれは間違いで、社会の変容は、より広い範囲で、人間存在の変容に影響をもたらしています。そのことを理解いただくために、ここからは社会において表面化している別の現象を二つ取り上げたいと思います。一つは、先にも少しふれましたが、排外主義の世界的な広がりや、特定の人種や民族に対する差別や憎しみをあおるヘイトスピーチの横行です。もう一つは、高齢者クレーマーの増加というビジネスパーソンにとっても身近な問題です。

まず前者から議論しましょう。

現在、ヨーロッパ各国では移民排斥を主張する政党への支持が拡大しており、この傾向は今後ますます強まっていくだろうと予想されています。

アメリカでも、オルトライトと呼ばれる白人至上主義者が公然と活動するようになっています。その一因として考えられるのは、トランプ前大統領の登場です。人種差別的な言動を繰り返すトランプが支持を得ていく中、白人至上主義者たちは自分たちのイデオロギーや運動を正当化していきました。

同様の現象は日本でも見られます。2013年頃から、在日コリアンが各種の特権を有していると主張する「在日特権を許さない市民の会（在特会）」などのグループによるヘイトスピーチが激化し、翌2014年、国連人種差別撤廃委員会が日本政府に法規制を勧告しました。2016年にはヘイトスピーチ対策法が施行されましたが、罰則や禁止規定はなく、同委員会は「対策が限定的で不十分」との認識を示しています。

みなさん、こうした社会現象をどのようにとらえますか。その背景にはどのような社会変容があると考えますか。

ツダ　社会の中で、自分たちが守ってきたものや既得権を奪われてしまったと感じている人たちが、憤りや怒りの矛先を移民や外国人に向けているのではないかと思います。

フカザワ　グローバル化も影響しているように思います。たとえば工場が外国に移転したり、働き口がなくなったりしたことに怒っている人たちが増えていて、その怒りが国内のマイノリティに対する攻撃という形となって表れているというふうに思いました。

ルロワ　ベルギーにも、残念ながらヘイトスピーチはあります。その原因は、無差別殺人が増加している原因と似ているのではないかと思っています。社会の中で取り残されていて、今よりも昔の方がよかったと感じている人たちが、移民が増えたせいで状態が悪くなったんだというふうに考えて、それが差別的な思想につながっていると思うんですね。

ベルギーでは社会の分断はすごく進んでいて、人々の共存がだんだん難しくなってきています。白人至上主義が広がる一方で、ヘイトスピーチをされる側も過激化しています。

不全感と不安が生み出したナチス政権

宮台 先ほど、無差別殺人の背後には、孤独がもたらす不安があると言いましたが、オルトライトやネトウヨの増加、あるいは排外主義の広がりやヘイトスピーチの横行といった現象の背後にあるのは、経済的没落による不全感や、経済的没落が予想されることによる不安です。そのことは、ナチス・ドイツに関する古い実証研究で明らかになっています。

第1次世界大戦後のワイマール共和国で、なぜ民主政を土台に独裁政権が誕生したのか。その背後にあったのは、経済的没落の不全感や没落の予想による不安から生み出された、外部帰属化としてのユダヤ人差別でした。こうした分析をした人たちは、ドイツのユダヤ系の学者たち、フランクフルト学派と呼ばれる人たちで、別名「フロイト左派」とも呼ばれます。

フロイトは、神経症を最初に定義した人です。埋め合わせようのない不安を感じる人が、その不安とは関係のない埋め合わせ可能な別の不安を持ち出し、埋め合わせようとする。それが神経症です。死の不安を抱えた人が、家を出た後にガスの元栓を閉めたか心配になって、何度も家に戻るのが一例です。もともとの死の不安はなくならないけれど、代替的不安の埋め合わせをしている間は、死の不安を意識しないで済むというメカニズムです。

フランクフルト学派は、この神経症概念をベースにナチス問題を説明します。第1次大戦後のドイツでは経済が停滞し、中流が没落します。その結果、元中流の人々は不全感に苦しみ、まだ没落していない人も不安に苦しみました。それを埋め合わせたのが「大いなるもの」にすがる権威主義。自分は「偉大なるアーリア民族」の一部なのだと思うことで不全感や不安を埋め合わせようとします。それがナチス政権誕生とユダヤ人迫害につながりました。

ポイントは、元から貧乏だった人より、没落したり没落に怯えたりする中流層が「大いなるもの」にすがったこと。初めから貧乏な人は、貧乏に慣れ、その状態を受け入れています。傷つきやすいのは、没落した自分を受け入れられない中流で、権威主義的な埋め合わせに陥ります。貧乏に苦しむよりも、前より落ちたという相対的剥奪感が苦しみを与えます。ちなみに、金持ちは資産があったので、生活水準をそれほど落とさずに済みました。

今のディスカッションで、グローバル化という言葉が出ました。グローバル化による工場の移転や業務のアウトソーシングで、労働力や土地が安い国が生産拠点になり、国内でも安い外国人労働力が使われるので、支払いが細った中流が経済的に没落します。その結果、不全感や不安がまん延し、排外主義の広がりやヘイトスピーチの横行を生み出すのですね。

それだけではない。トランプが大統領に当選したのは、ラストベルトの労働者たちに、「あなたたちの仕事が奪われたのは、工場が外国に移転したせいだ、国内で生産させれば、暮らしは元に戻る」と呼びかけたからです。でも、これは統計的に間違いでした。自動車労働者の失業が増えた原因は、テクノロジーの発達によるオートメーションによるもので、工場移転で仕事を失った人は相対的に少数だったのです。

しかし、白人至上主義や排外主義に走る人たちにとって大事なことは、不全感や不安をいかに埋め合わせるかということで、原因を正しく理解できているかどうかはどうでもいいのです。だから、「あなたたちの理解は統計的に間違いで、問題は工場移転ではなくオートメーション化です」と説明したところで、動きは収まらないでしょう。こうした民主政の現在については、後で話します。

1頭で行動するゾウが最も危険

野田　もう一つの「高齢者クレーマーの増加」という社会現象に移りましょう。サービス業の企業に勤めている方なら実感されているでしょうが、近年日本では、企業の商品・サービスや行政の対応などにしつこくクレームをつける高齢者が増えています。関連データをいくつか示しましょう。

まず企業のコールセンターに電話で問い合わせをする人を年代別で比較すると、60歳以上が断トツに多く、35・8%を占めています（『コールセンター白書2014』リックテレコム）。もちろん、最近は商品やサービスが複雑化しているので、問い合わせのすべてがクレームというわけではないでしょう。しかし、現場からは「面倒なクレームを持ち込むのは圧倒的に男性高齢者、はっきり言えば団塊の世代」という声も上がっています（『日経ビジネス』2015年1月19日号）。

また、鉄道係員に対する暴力行為でも加害者が高齢者であるケースが多く、一般社団法人日本民営鉄道協会と鉄道各社などの調査では、ここ数年、60代以上がトップとなっています。

それから、刑法犯で検挙される人に占める高齢者の割合も年を追うごとに増加しており、1990年は2・2%（6344人）だったのが、2019年には22・0%（4万2463人）にまで拡大しています（法務省法務総合研究所編「令和2年版犯罪白書」）。

古来、日本では、人は年齢を重ねていくほどに円熟味が増していき、人格が備わっていくものと考えられてきましたが、現在の高齢者は必ずしもそうとは言えなさそうです。キレやすく、危険性を内に秘めたヤバい存在かもしれないのです。

なぜそうなってしまったのか。背景にあるのは、ひとり暮らしの高齢者の増加だと考えられます。65歳以上の単身者の数は右肩上がりで推移しており、65歳以上人口に占める単身者の割合も年々増

図表3－1｜友人や近所の人に頼れない日本の単身高齢者たち

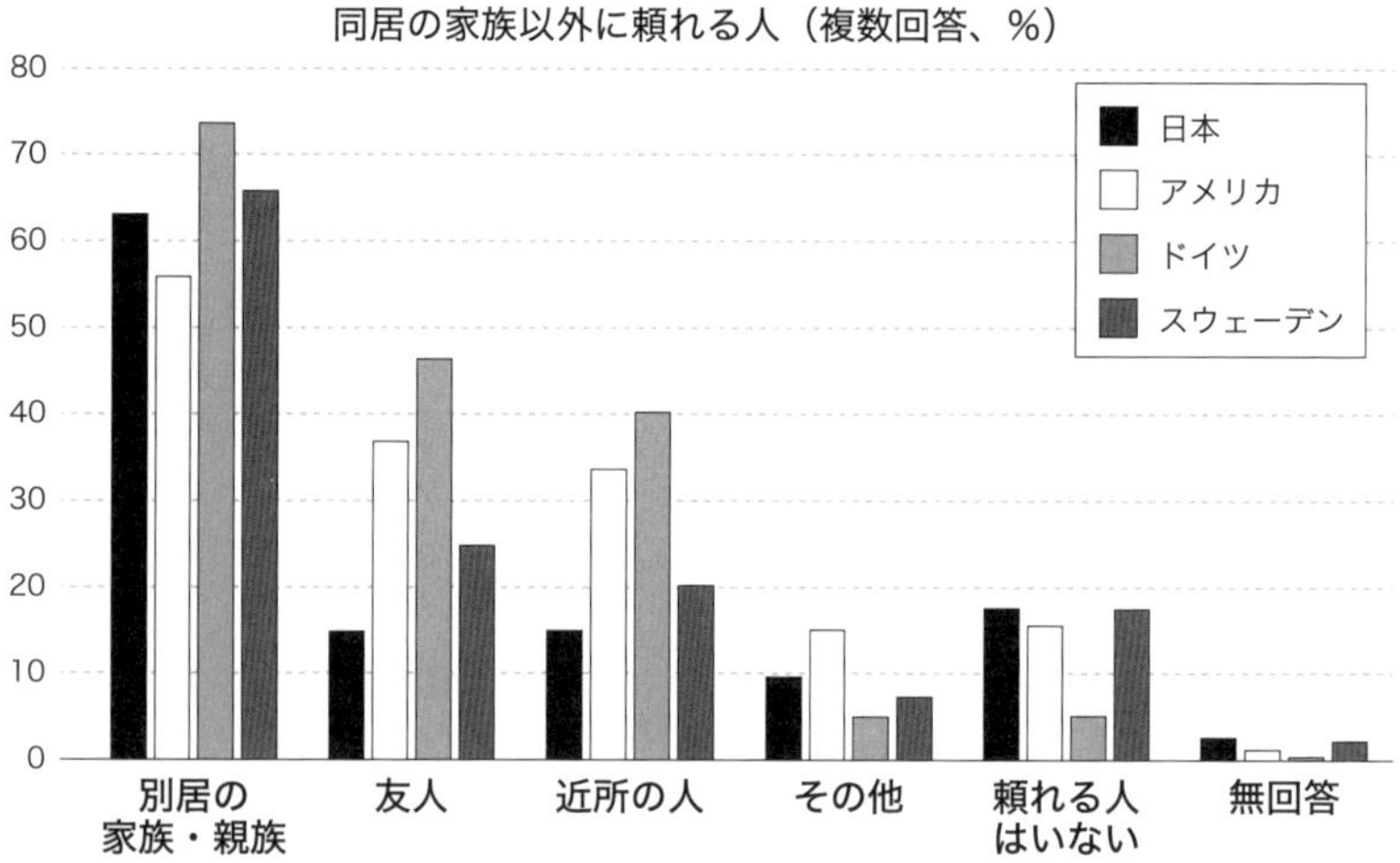

（注）対象は60歳以上の高齢単身者
（出所）内閣府「第９回高齢者の生活と意識に関する国際比較調査」（2020年）図表3-7-2

加していています。これは日本だけの話ではなくて、総世帯数に占める単身世帯の割合の増加は世界各地に共通して見られる傾向です。

ただ、日本の単身高齢者には大きな特徴があって、それは「友人」や「近所の人」に頼れないということです。グラフ（図表３－１）を見ていただければ一目瞭然ですが、日本の60歳以上の単身者は、病気になったときなどに友人や近所の人に頼れると答えた人の割合が、アメリカ、ドイツ、スウェーデンと比べて極端に少なくなっています。

孤独な高齢者が増え、その人たちが孤独に耐えられないがために自分の不幸を外部帰属化している。そのことがキレる高齢者の増加につながっているのではないかと思われるのです。

以前、僕は妻と一緒にケニアのサファリツアーに参加したことがあるんですが、そのときガイドに「アフリカの草原で最も危険なのは、1頭で行動しているゾウだ」と言われました。「群れから離れて1頭でいるゾウは気が荒くて人を襲う、だから遭遇したら気をつけろ」と。それを聞いたとき、日本の高齢者クレーマーと同じだなと思いました。

「○○株式会社・元部長」という名刺

宮台　先ほど野田さんが示したグラフ（図表3－1）についてですが、これは男女別のデータを反映させたら、大きな違いが出てくると思われます。日本の高齢者でも、女性は友人や近所の人に頼れる人がおそらく大半です。その一方で、友人や近所の人に頼れる高齢男性はほぼいません。それは、前に示した孤独死のデータからただちに推測できることです。

ピースボートという国際親善のための世界一周の船旅があります。何度か乗りましたが、このクルーズは3カ月かけて各地を巡るので、参加者に現役世代はほぼいません。乗っているのは高齢の夫婦ばかりです。食堂に行くと、同じテーブルで食べている夫婦は少なく、高齢女性のグループと、高齢男性のグループに分かれます。ところが、おばあちゃんたちのテーブルでは誰もがにぎやかにしあわせそうに食べているのに、おじいちゃんたちのテーブルでは会話がまったく交わされません。

こうした光景を目の当たりにすると、高齢の男女におけるコミュニケーション能力の違いや、それによってつくり出される人間関係の違いがよくわかります。孤独な高齢男性が増えていく原因の一つは、そこにあるだろうと考えられます。そのことを示す珍妙な経験があるので、お話ししましょう。

船上で、ある高齢男性と知り合って名刺交換をしたのですが、「○○株式会社・元部長」と書いてあるのを見て、腰を抜かしました。「元部長」なんていう肩書に何の意味があるのでしょう。日本の男性の多くは、たとえ「元」という肩書であれ、それがなければアイデンティティを失うのです。自分は何者なのか自分で信じられなくなるから、人と知り合っても、どんなコミュニケーションをしたらいいのかわからず、人間関係をつくれないのですね。

さて、コミュニケーション能力が低いことだけが、高齢男性がクレーマーになりやすい理由ではありません。僕らが子どもの頃、高齢者にはポジションがありました。たとえば、ひと世代飛び越えて孫の世話をするとか、孫に何かを教えるといった役割です。そのことを指摘したのは、民俗学者として日本全国を巡った柳田國男です。高齢者は家族・親族内でポジションを与えられていたのです。

また、以前は、地域に囲碁や将棋とか麻雀のクラブがあり、そこに高齢者たちが集まって人間関係を保っていました。将棋のクラブには近所の子どもたちも集まってきて、よそのおじいちゃんたちと将棋を指すこともよくありました。でも、核家族が当たり前になった今は、高齢者は家族内にポジションがなく、地域で集まれる場所もきわめて少なくなりました。２段階の郊外化によって家族や地域の空洞化が進み、高齢者を包み込む共同体が消えたのです。

もう一つ、高齢男性がクレーマーになる要因が、企業の変質です。かつて日本企業は共同体に似た役割を果たしました。終身雇用や年功序列の制度があって社員を家族のように扱ったし、定年退職したＯＢ・ＯＧのことも大切に扱いました。でも、企業が真の共同体と違うのは、コスト的に厳しくなると共同体的な役割を果たせなくなることです。現に日本企業はもう終身雇用や年功序列を基本的にやめましたし、ＯＢ・ＯＧを大切に扱うこともなくなりました。

すると、どうなるか。企業を退職した孤独な高齢男性は、感情的安全を脅かされ、不安を埋め合わせようとして、無意味な行為を反復しやすくなるのです。わかりやすく言うと、鬱屈した気持ちを晴らしたい、気分がすっきりするカタルシスを得たいと思うようになります。そういうふうに想像すると、高齢男性のクレーマーが多くなった理由がよくわかるはずです。

ヒラメとキョロメに覆い尽くされた日本

野田　現在の日本は「社会の底が抜けている」状況であり、そのことを僕らは深く危惧しています。というのも、宮台さんが指摘されるように、人間はゲノム的に孤独に耐えられない存在です。その人間が社会の中で生きていくためには、自分たちを包摂してくれる集団が必要なのですね。

宮台　かつて、われわれの本拠地は、生活世界でした。われわれは、生活世界を「ホームベース」として暮らし、ときどきシステム世界に出かけては、狩猟採集活動をするかのように「獲物」を持ち帰り、生活世界を生きるみんなのためにシェアしたわけです。しかし、われわれがシステム世界に過剰に依存するようになるにつれて、生活世界がやせ細っていきます。

今や社会は、システム世界がメインで、生活世界はその下請けであるかのように変容しています。その結果、生活世界が持っていた包摂性は失われ、個人はむき出しの状態で「システムに直撃される」ようになっています。そのことが人間の感情的劣化を引き起こしているのだ、というのが僕の考えです。

日本ではこうした変化が特に著しく、汎システム化と共同体空洞化の先に絶望しかないことを他の国々に先駆けて示している点で「課題先進国」なのです。

野田　システム世界の全域化は、先進国をはじめとして世界中で進行しているのに、何が日本と日本以外の違いなのでしょう。

宮台　日本が課題先進国になった理由は、第1に、「郷に入っては郷に従え」の類の共同体従属規範はあっても、「共同体の衰退を是が非でも避けなければならない」という共同体存続規範がないこと。

第2に、「人が見ていなくても神は見ている」の類の、人のまなざしと神のまなざしを分ける宗教的規範がないことです。代わりに日本は、上の御機嫌をうかがうヒラメと、周囲の空気をうかがうキョロメに覆い尽くされています。

共同体にはいくつか種類があります。中国やユダヤの社会は血縁主義です。血縁共同体が何十人、場合によっては100人を超える規模であります。ところが日本にはもともと血縁主義がない。あるのは地縁主義で、「遠くの親せきより近くの他人」という言葉の通り、近くに一緒に暮らす人たちと仲よくなって絆を強くし、地縁共同体をつくってきました（福武直『日本の農村』東京大学出版会、1971年）。

地縁共同体は、一緒にいることを前提にするので、システム世界の拡張がもたらす高い流動性に対して脆弱です。システム世界は、「マニュアルに従って役割を演じられれば誰でもいい」ので、人がどんどん入れ替わるという過剰流動性をともないます。すると、地縁は簡単に崩れ、ホームベースがどんどん壊れていきます。その挙げ句が、現在の日本です。

その点、血縁共同体は違います。中国やユダヤの血縁集団は、大量殺りく（ジェノサイド）や民族離散（ディアスポラ）で命や財産が奪われた、民族の「悲劇の歴史」に根づいており、「頼れるのは血縁の身内だけ」というサバイバル戦略から生まれました。中国人やユダヤ人は、どんなにシステム世界が拡張しても、血縁によるホームベースを守ります。システム世界での戦いに疲れてもホームベースで回復し、システム世界で戦う知恵がシェアされます。だから、グローバル化した社会で最終的な勝利者となるのは血縁主義の集団でしょう。

日本では最近「グローバルで戦えるような強い個人を育てよう」といったスローガンが掲げられますが、間違いです。人は強くありませんし、強く見えても病気や事故でヘタレます。弱い個人を包摂する共同体、つまり代替不可能な人間関係を備えたホームベースが維持されて初めて、システム世界で強く生きられます。また、共同体に恩義を感じる者は、共同体にリターンを返そうという強い動機を持ちます。単に利己的な者はそうした動機を持つ者に負けます。

野田　宮台さんのお話にもありましたが、戦後から経済成長を遂げた日本において、バブル崩壊前まで残っていたほぼ唯一の共同体が、終身雇用という幻想に支えられた一部の企業だったのでしょう。そうした企業がグローバル企業に脱皮するために、さらにはコストの制約から、自ら進んで共同体性を解体しているのはきわめて皮肉な現実です。

宮台 その通りです。ところで、脆弱な個人を支えるものは、ホームベースのほかに、もう一つあります。人間はゲノム的に孤独に弱いだけでなく、誰かに見てもらっていることで、きちんと行動する性質を持ちます。定住の初期、われわれの祖先は小さな村に暮らしました。村のメンバーはみんな顔見知りで、村の中には隠れる場所もなかったので、人々は孤独を感じなかっただけでなく、人目を前提にちゃんと振る舞おうとしたのです。

ところが、社会の規模が大きくなり、システム世界が生活世界を侵食していくにつれて、人間関係は希薄になり、周囲にいる人たちは仲間ではなくなっていきます。そうすると、周りに人がいても——たとえば教室で一緒にいても都会の雑踏を歩いていても——孤独を感じるばかりか、誰かが見ているという感覚が薄れていくのです。

けれど、それによって人が孤独にさいなまれて無規範になったり不道徳な行動に走りだすのだ、とは必ずしもなりません。宗教への信仰が大きな役割を果たしうるのです。

たとえば、誰かが見ていなくても、神様が見てくれていると思えれば、ひとりきりでも孤独に耐えられます。村を追い出されようと、人々に石つぶてを投げつけられようと、神が見ていると信じられれば、孤独を感じずにすみます。同じく、人は誰にも見られていない状態でもすぐにズルをするわけではない。神が見ていると思えばズルはしません。

日本でもかつてはそうでした。人ではない何かが自分を見ているという感覚があった。お天道様が見ている、森が見ている、川が見ている、雲が見ているといったアニミズムの感覚です。こうしたアニミズムは、村の共同生活に根差します。村のみんながそう言うから、きっとそうだろうと信じるのです。だから、地縁共同体が崩壊したらアニミズムも消えました。

つまり、現在の日本人は、すでに誰からも見られていない状態にあって、全域化したシステムに直撃されています。そのことが、孤独や、「旅の恥はかき捨て」的な無規範や不道徳のまん延に、深くかかわっているだろうと思います。三島由紀夫が言うように、一夜にして天皇主義者から民主主義者になるような「からっぽ」な日本人は、誰かや何かが自分を見てくれているという感覚を失うと、極端に孤独になりがちで、価値観からも見放されがちです。

質疑応答 シェアハウスは共同体になりえるか

オオヤマ　日本人には「世間体を気にする」という感覚もあるのではないかと思いますが、それと「誰かに見られている」という感覚は違うのでしょうか。

宮台　世間体の背後にあったのは、村の共同生活です。そこにあったのは、抽象的な世間ではなく、同じ生活形式を共有する村の人々のまなざしでした。そこでは「誰かに見られている」ことと世間体は、同義でした。ところが、地縁共同体の崩壊以降、世間体は形骸化し、生活形式の共有を欠いた匿名者たちの内容空疎なモードになります。

その結果、インターネットを通じて形成される、空疎なイメージにすぎないスタンダードに、多くの人が過剰に縛られるようになっています。たとえば「不倫炎上」するネット世間がそれです。そこでの世間体は、見かけを取り繕わせるだけの「外野のノイズ」で、孤独に耐える勇気や、ちゃんと振る舞う動機を与えません。

自分のことをちゃんと見ていてくれる損得関係を超えた具体的な仲間たちがいて、彼らが言うことや考えていることを気にかけるようにするのであれば、孤独に耐える勇気や、ちゃんと振る舞う動機が得られるでしょう。

ノバーク　絵画や映画や文学といったアートを通じて共同体をつくれるのでしょうか。

宮台　いい質問です。今しがた申し上げたように、人間は、自分と同じような価値観を持つ仲間たちがほかにもいることを実感できれば、その分、孤独ではなくなります。アートがいい例です。アートと娯楽は違い、社会に適応しきった人間はアートを必要としません。社会を生きることに違和感を抱く人間が、アートを通じて社会の外の視座を獲得しようとするのです。

具体的に言うと、人は、絵画や彫刻を享受する際に「ああ、この絵の描き手は、この彫刻のつくり手は、自分と同じように社会に違和感を抱いているな」と感じ、それによって孤独ではなくなるのです。だから、おっしゃる通り、アートには社会に適応できない人たちや、現に存在する集団に適応できない人たちを、孤独から救い出す重要な機能があります。

ただしアートは、それだけでは人間のすべてを受け入れてくれる包摂的なホームベースにはなりません。アートは「呼びかけ」であって、生活ではないのです。生活を営むことと、アートを鑑賞することは、異なった行為です。生活を営んでいる人間が、ときどきアートにふれるからこそ、「お前、そのままでいいのか」と呼びかけられる感じがするのです。

アートは、社会に適応することで日常に埋没した人間たちに、非日常的な覚醒をもたらしてくれるところに、重要な特徴があります。そうした覚醒の体験は、オルタナティブな共同体をつくっていくことへの動機づけを与えてくれるとはいえ、脆弱な個人を常時包摂する共同体をただちに与えてくれるものではありません。

ヤン 家族の空洞化や地域の空洞化が進んだことによって、孤独を感じた人たちがつくっているのがシェアハウスだと思います。でもシェアハウスは、一緒に住む人たちをお互いに選んでいるという意味では共同体とはちょっと違うような気がしているのですが。

宮台 伝統的な対立概念としてコミュニティ（共同体）とアソシエーション（組織集団）があります。コミュニティは、全人格にかかわる「全人格性」と、そこに生まれ落ちるものでメンバーになることを選べない「非人為性」が特徴です。アソシエーションは、人格の一部だけでかかわる「部分人格性」と、自覚的に選んでメンバーになる「人為性」が特徴です。だからコミュニティは生活世界に重なり、アソシエーションはシステム世界に重なります。

ならば、コミュニティのような「全人格性」とアソシエーションのような「人為性」を併せ持つ集団はないのか。そう、カール・マルクスが言う〈アソシエーション〉は、「人為的」だけれど「全人格的」な集団として構想されています。労働組合がそれです。これは、システム世界を生活世界に似せる試みです。ヤンさんのシェアハウスのイメージは、「人為的」だけれど「全人格的」で、生活世界に似せたシステム世界です。素晴らしい理念です。

ところが、理念の現実化は難しい。ゼロ年代半ばに始まるシェアハウスの初期のオリジネーターは、僕のゼミにいた人々です（シブハウスとギークハウス）。だから、日本のシェアハウス・ムーブメントの歴史を僕は見ています。

当初のシェアハウスには、コミュニティ志向の強い人たちが集まりました。でも、それが評判になって入居者が増えると、つまみ食いでタダ乗りするフリーライダーと、性愛を通じて人間関係を破壊するサークルクラッシャーが目立つようになります。

かくして、それまで千客万来だったシェアハウスが、２０１５年前後に部分的にクローズドになります。たとえば、メンバーの紹介がないと入れないなどです。ここに矛盾があります。本来シェアハウスを必要とするのは、ホームベースの欠落ゆえに感情が劣化した人たちなのに、感情が豊かでホームベースをすぐに持てるような人たちだけが、シェアハウスのユーザーになるのです。その意味で、シェアハウスは普遍的なホームベースにはならないのです。

第3章のまとめ

システム世界の全域化という社会の変容は、われわれ人間に大きな影響をもたらす。

なぜなら人間はもともと弱い存在だ。人間は社会的動物であり、ひとりでは生きられない。だからこそ、進化の過程で、われわれは「孤独に耐えられない」というゲノム的な基盤を獲得したのだ。だが、孤独に耐えられない弱い個人を包摂する役割を果たしてきた生活世界がシステム世界に置き換えられると、人間関係が流動的になり、われわれは入れ替え可能な不確かな存在となる。その結果、引き起こされるのが「感情の劣化」であり、極端な場合、これは個人を無差別殺人へと駆り立てる。排外主義の広がりやヘイトスピーチの横行、高齢者クレーマーの増加といった社会現象も同じ要因によって生じている。

グローバル化とともにシステム世界の全域化が加速する世界の中で、われわれはいま一度、個人と社会の関係性を見つめ直す必要がある。共同体が空洞化し、むき出しになった個人をシステムが直撃しているという現実を確認し、弱い個人を包摂するホームベースを保全する、あるいは再構築することの重要性に目を向ける必要がある。

とりわけ伝統的な地縁共同体が解体し、「神に見られている」という宗教的規範もない日本社会において、そのことは一層急務となっている。

Chapter 4

第4章

3段階めの郊外化と人間関係の損得化

読者の中の特に若い世代は、前章の結論に異を唱えるのではないだろうか。

今やインターネットやSNSの普及によって、多くの人たちとオンラインで簡単につながることができる。だから、たとえ生活世界が消失したとしても、ネットのサービスやコミュニティがその代替としてのホームベースになりうる。そんなふうに考えている人もいるはずだ。

しかし、果たして本当にそうだろうか。スマホアプリによる出会いやオンラインでのつながりは、人々の劣化した感情を回復しうるのだろうか。

本章ではこの問題を考えるために、日本社会で進行しつつある「人間関係の空洞化」に焦点を当てる。

性愛からの退却

野田　ここまで講義を聴いていても、みなさんの中には、社会の変容は自分には関係ないと感じている方がおられると思います。自分は無差別殺人事件なんて起こさないし、クレーマーにもならない、移民や外国人を排斥するような団体に加わってヘイトスピーチをするといったこともない。感情の劣化が進んでいるといっても、それはごく一部の人の話であって、自分はけっしてそうはならない。そう感じている人もいるでしょう。

しかし、そうした認識は間違っていて、感情の劣化はみなさんにも当てはまる問題なのです。そのことを考えていただくために、これから日本社会における一般的な人間関係の変化について見ていきます。その入り口として取り上げるのは、僕らにとってとても大切な「性愛」です。

データ（**図表4－1**）を見てください。日本性教育協会の全国調査によると、男子大学生・高校生、女子大学生・高校生の性体験率はともに2005年頃をピークとし、いずれも劇的に下がっています。つまり性体験のない若者が急激に増えているということです。

次に異性との交際に関する2014年のデータですが、交際経験のない男性は20代で約41％、30

図表4－1｜若者世代の性体験率の急減

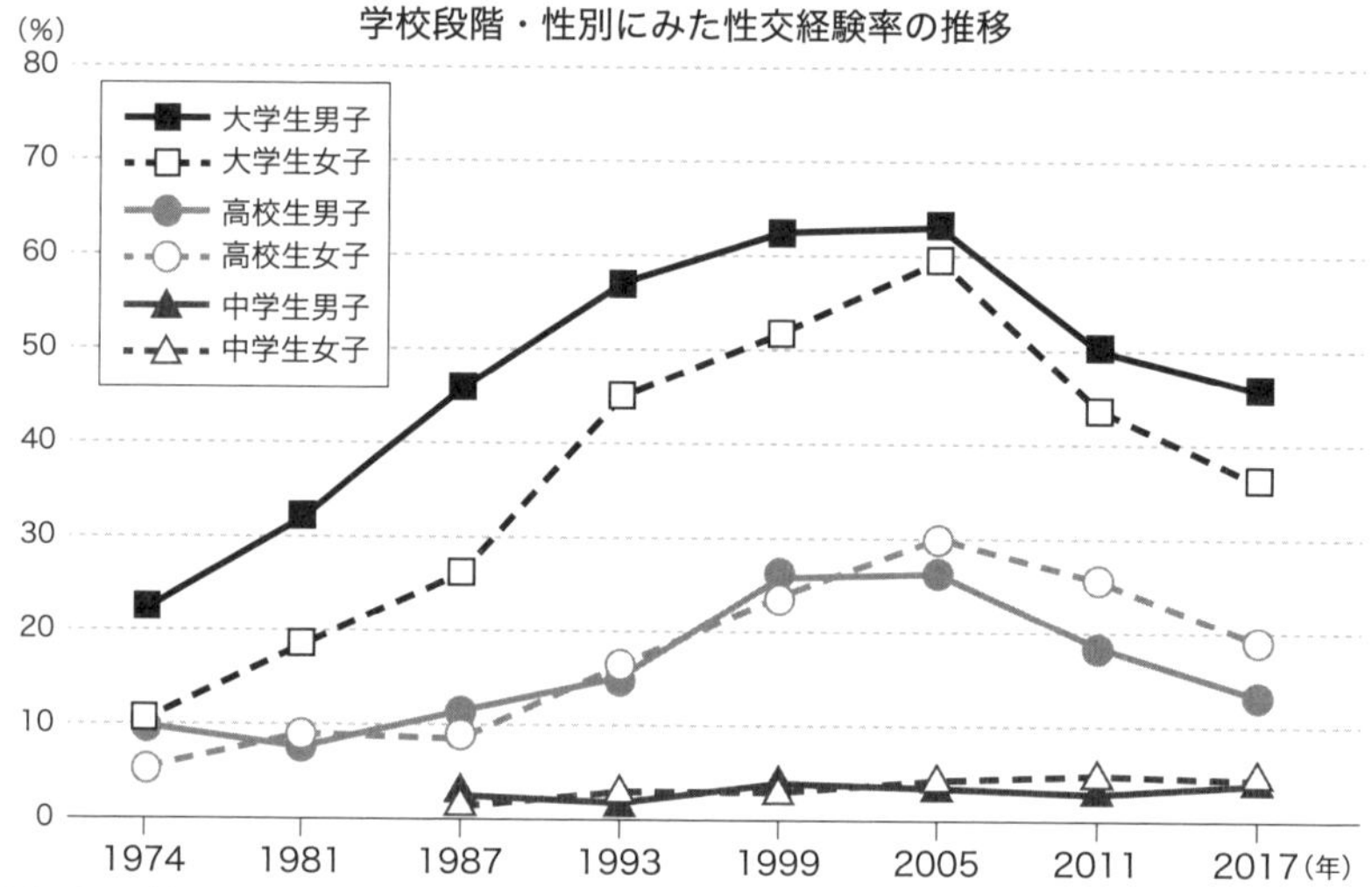

（出所）日本性教育協会「青少年の性行動全国調査」6年毎リサーチ

代で約34％、40代で24％となっています。女性は20代で約23％、30代で約16％、40代で約14％となっており、いずれの年齢層でも男性の半数程度の数値です。

それから一番重要な生涯未婚率は１９９０年から急激に増えており、その傾向は特に男性において顕著です。生涯未婚率は２０３０年には男性の30％、女性の23％に達すると見込まれています。

こうした傾向をこの領域の専門家である宮台さんは「若者の性愛からの退却」と呼んでいます。

属性主義が内包する入れ替え可能性

宮台　野田さんが紹介した日本性教育研究会の調査は6年ごとなので、僕の調査と合わせるとピークは1～2年早まります。こうした性的退却の理由を知るのに有効なのが、性愛のコミュニケーション・スタイルを調べることです。かつての男女の性愛と、現在のそれは、コミュニケーションの仕方がかなり異なります。どういうことか説明しましょう。

かつての性愛は、男女が集まる場から始まりました。かつては若衆宿、後には部活やサークルとか、課外活動を含めての職場とかです。一緒にいるうちに、特定の人のことが気になり始め、だんだん好きになり、気がついたらすごく好きになっていた。性愛はそんなふうに始まりました。一緒にいることでだんだん好きになるので、好きになった理由はよくわかりませんでした。だから、自分がタイプだと思っていたのとは違うタイプの異性とつき合ったり、結婚したりが、ふつうでした。

現在は違います。長くトゥギャザでいられる（一緒にいて空間と時間を共有する）場が激減しました。大学生の多くはサークルに入らないし、職場でも仕事が終わればさっさと帰宅します。するとどうなるか。人は基本的に、「この人がいいな」というふうにターゲットを決めてから相手に近づくことになります。知らない人に声をかけるという意味でのナンパが増えていく過程は、トゥギャザでいられる時空が減っていく過程と、並行します。その結果、男性が街の中で見知らぬ女性に声をかける形での出会いが目立つようになったのです。

考えてください。ターゲットを決めて相手にアプローチする場合、集まってコミュニケーションするうちに好きになるのと違い、当然「属性主義的」になります。「美人だ」「イケメンだ」といったスペックに反応して相手を選ぶようになるということです。するとどうなるか。かわいいという属性で好きになった男性は、女性から「なぜ私のことが好きなの？」と聞かれて「かわいいから」と答えます。それだと、敏感な女性は「かわいい子はほかにもいるよ」と感じてしまう。つまり入れ替え可能性を感じてしまいます。これは現にそうなっています。

「なんで私のことが好きなの？」と尋ねる女性は、「かわいいから」という答えと、「わからない。でも好きになっちゃった」という答えの、どちらをうれしいと感じるか。鈍感な女性は「かわいいから」という答えで喜びますが、それなりに敏感な女性なら「かわいい」という理由で好きになられても不快に感じます。知らない相手から突然「かわいいから、つき合ってほしい」と言われる不自然さ。これが、性的退却の一般的な背景を構成しています。

男性の損得化が女性を損得化させる

宮台　性的退却の背景に何があるのか、さらに踏み込みます。

僕の聞き取りでは、性愛を避ける男性の多くが「コストパフォーマンスが悪い」と言います。勉強や仕事に追われて忙しい日々、女性と交際するとお金がかかるしトラブルも起きる。ささいな痴話ゲンカで関係が崩壊したりするからリスクマネジメントも大変。ならば、アダルト映像やアダルトゲームで、システム世界から便益をいいとこ取りしたい。そんなふうに損得勘定で性愛をとらえる男性——僕の言い方では「損得化したクズ」——が、増えました。

次に、女性たちです。彼女たちはなぜ性愛を避けるようになったのか。多くの女性が口にするのは、「まともな男がいない」「経験を通じてうんざりした」という理由です。これはもっともです。ワークショップを通じた観察では、「女性の喜びを自分の喜びとして感じ、女性の苦しみを自分の苦しみとして感じる能力」を持つまともな男性は200人に1人だから、女性が自分に告白してきた男性とつき合っても、たいていはイヤな経験をして終わります。

パラメータ（周辺条件）についても考えます。今ほどではなくても、昔もクズな男性が一定割合いました。でも女性が生きていこうとすれば、男性を見つけて結婚するしかありませんでした。今は、仕事で成果を出したり資格を取得したりしてステータスアップを図れます。クズ男性とつき合うぐらいなら、ステータスアップに時間を使う方が合理的になります。

これらすべてを踏まえて単純な図式にすると、まず、男性が損得化して、一部が性的に退却し、次に、女性が損得化した男性とつき合って懲りて、一部が性的に退却した、という展開になっています。概略そういう形で、性愛からの退却が進んでいったのだと考えられます。

そもそも性愛関係は、喜怒哀楽を含めた包括的・全人格的なものです。僕たちは性愛を通じて、自分が根源的に肯定される体験を得ました。しかし、性愛が属性主義に陥るほど、ほかに代替できない喜びは、小さくなります。だから、属性主義を背景に、男女がともに性愛をコストとベネフィットという損得勘定に帰着させてしまうのは、実は自然な成り行きです。

ところで、男女の性愛の損得化の背景には、より深刻な家族の損得化があります。家族の損得化が、そこで育った男女の性愛の損得化をもたらし、性愛の損得化が性愛をへてつくられる家族の損得化をもたらす、という悪循環があるのです。

2000年に僕が大学生を対象に行った統計調査で、とても面白いデータが得られました。「あなたの両親は愛し合っていますか」という問いに対し、イエスとノーの答えが半々だったのですが、イエスと答えた人は、交際率——ステディがいる割合——が高く、性体験の相手の人数は少ない一方、ノーと答えた人は、交際率が低く、性体験をした相手の人数が多かったのです。何を意味するのか、もうおわかりですね。

損得を超えた愛は、損得化した社会では非現実的な「お話」に感じられがちです。にもかかわらず損得を超えた愛が現実的だと感じられるには、実際に損得を超えて愛し合う男女の相互行為を目撃できることが大切です。両親が愛し合う家庭では、子どもは両親をロールモデルに愛の現実性を学べます。両親が損得勘定だけで一緒に暮らす家庭では、愛の現実性を学べません。家族の損得化が子どもを損得化させる。「親のクズぶりが子にうつる」のです。

家族の損得化というと、家柄婚が一般的だったお見合い結婚をイメージする人もいるかもしれませんが、それは正しくありません。今はお見合い結婚をする人は5〜6%しかいませんが、僕や野田さんが生まれた頃は7割がお見合い結婚で、その過半数は農家や商店などの自営業者の跡取りが家業を継ぐことを目的としていました。それは間違いない事実です。

でも、先ほど恋愛の始まり方をお話ししたように、日本人には一緒にいるとつながりができる文化があります。恋愛感情を抱かずにお見合いで結婚した夫婦でも、一緒に家業を営みながら長く連れ添ううちに、深い絆で結ばれることがありました。もちろんかつてのお見合いは、家父長制に象徴される男女差別的な社会形態と表裏一体の仕組みでしたが、夫婦の絆は少なくとも今よりは強かったと言えるでしょう。

マッチングアプリが引き起こす相互不信

宮台　別の角度から、性的退却の問題を考えることにします。近年、日本では若者の性愛からの退却が進行していく一方、それと並行する形でマッチングアプリの利用が広がっています。そのマーケット規模は2015年に120億円、2018年には374億円に拡大しており、2023年には852億円にまで成長するだろうと予測されています。これは異様な膨張速度です。

マッチングアプリとは、結局のところ出会い系サービスであり、提供側がそれを「マッチング」と言い換えるというマーケティング戦略によって、ユーザーの心理的な抵抗感を軽減しているだけの話です。事実、僕が行ったリサーチでは、この5年間で、若者たちの間ではマッチングアプリを使うことへの抵抗感は、ほぼ完全に消えました。

それ以前は、マッチングアプリで出会って結婚に至った場合、結婚式の披露宴で二人のなれそめを紹介するときに、ストーリーを捏造していたものです。本当はマッチングアプリで知り合ったのに、友人に頼んで「二人は共通の趣味のサークルに参加していて……」といった大ウソをついてもらいました。式場側がそうした大ウソを創作するサービスもありました。

図表4－2｜マッチングアプリの利用経験

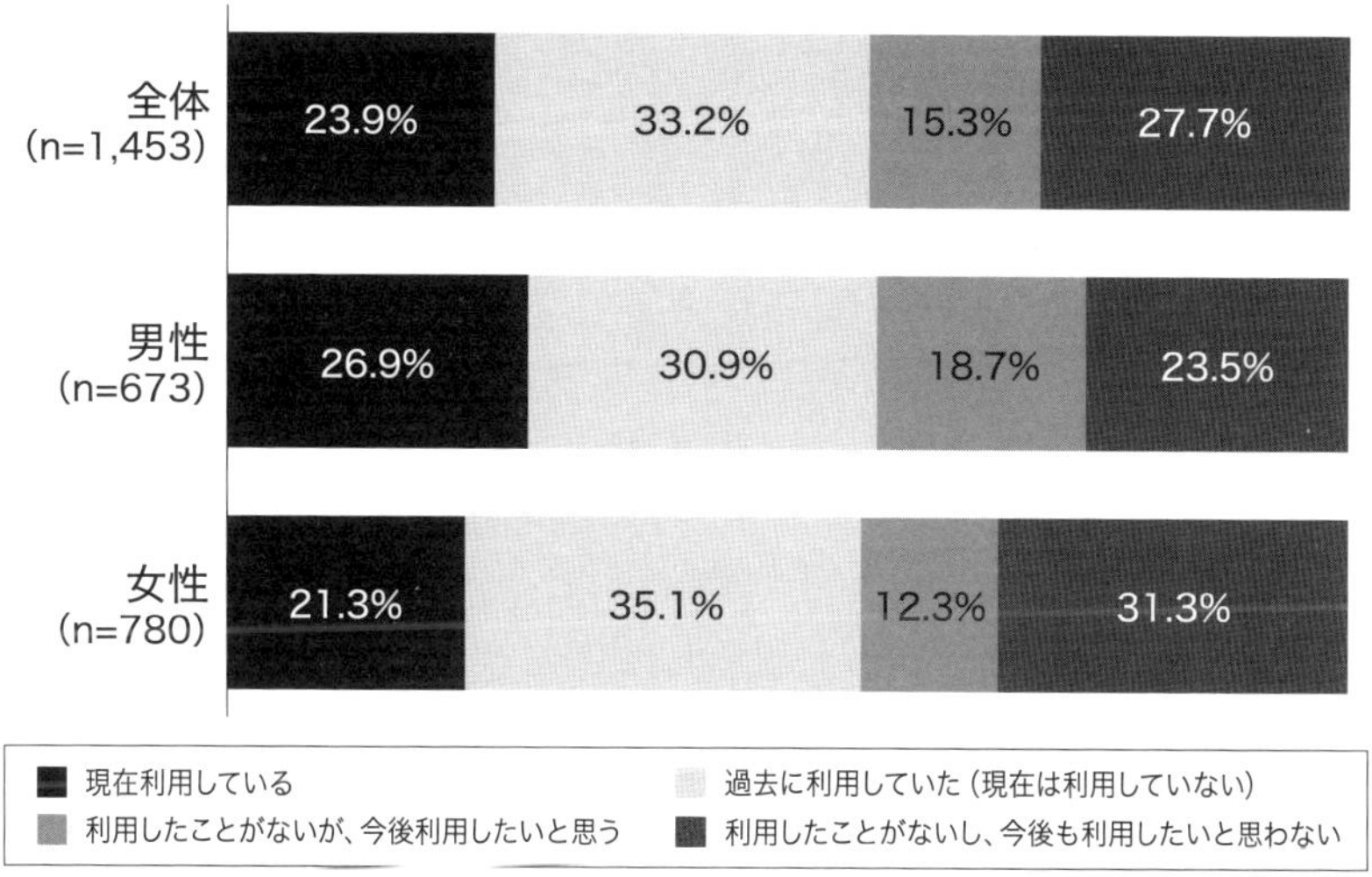

（出所）MMD研究所（2020年9月24日）

今は、披露宴で新郎新婦が堂々と「私たちはマッチングアプリで出会いました」と言えるようになりました。サービス認知度の向上で、「みんなも使っているから」という具合に、使うことへの後ろめたさがなくなったこともあると思われます。グラフ（図表4－2）を見てください。日本ではすでにマッチングアプリを「現在、利用している人」が23・9％、「過去に利用していた人」が33・2％おり、「今後、利用してみたい人」を合わせると、全体の7割を超えます。

では、このマッチングアプリを通じた出会いが、若者たちの性愛関係を回復できるのでしょうか。結論的にはノーです。マッチングアプリを使っている人は、システム世界に依存して、性愛のいいとこ取り＝つまみ食いをしようとしているだけだからです。そうした性格は、１９８５年に誕生したテレクラ以来、何の変化もありません。

先ほどの話を思い出してください。昔の男女の出会いは、まず集まりの場があって、そこで知り合った人同士が、同じ時空間を一緒に過ごしながらコミュニケーションを交わすうちに、気がついたら好きになっていたというものでした。だから、周囲にとっても自分にとっても意外な人と、恋に落ちてしまう。そのことこそが、意外なものへの開かれという意味で、性愛の喜びでした。

これに対し、マッチングアプリを使う場合は、最初に属性で検索を設定し、スマホ画面に次々に表示される異性の写真をどんどんスワイプしては、どんどん「いいね」ボタンを押していきます。すると、下手な鉄砲、数打ちゃ当たるで、相手からも「いいね」ボタンが押され、「両思い」ということで、カップルが成立したことになります。

でも、そんなふうにしてマッチングアプリで出会っても、カップルが絆をつくることは難しい。なぜか。第1に、カップルの大半は、互いに相手を入れ替え可能だと見なし続けてきたというクセがあり、第2に、互いに「相手はまだマッチングアプリを使っているかも」と想定しながらつき合うことになるからです。男性は、相手の女性がもっとスペックの高い男性を見つけたら、そっちに行くだろうと思うし、女性も同じように思うわけです。

マッチングアプリは便利なシステムですが、人間が求めているはずの全人格的な性愛関係を回復させるものではなく、むしろ属性主義や損得化を加速させる方向で確実に機能しています。僕には出会い系業者やマッチングアプリ業者の知り合いが多いので、全人格的な性愛関係をもたらせるようなアーキテクチャの実装をお願いしてきていて、ユーザーの資格認定を含めたいくつかのアイディアが現実化していますが、今のところメジャーになれません。

若者にとってネットサービスとは？

野田　宮台さんは性愛の専門家でもあるのですが、今の話は性愛を超えて、現代のインターネット社会における人間関係を理解するうえできわめて重要なものですね。近年はさまざまなネットサービスが発達、普及しています。そこから生まれたコミュニティは、僕たちが失ったホームベースの代替として人間関係を補完してくれると考えている人も多いかもしれません。しかし、ネットはリアルな人間関係を補完しません。むしろ、ネットコミュニティの広がりによって「人間関係の空洞化」が進むというのが僕らの結論です。

その話に入っていく前に、若者を対象に実施されたネットサービスに関する意識調査の結果をいくつか挙げておきましょう。

2016年度に内閣府が15～29歳の男女を対象に実施した「子供・若者の意識に関する調査」で、自分の「居場所」について尋ねたところ、「インターネット空間」を挙げる人の割合はかなり多く、「そう思う」と「どちらかといえばそう思う」を足すと60％を超えていました。

しかし、19年度の調査（対象は13～29歳）で、他者とのかかわり方について尋ねているのですが、「困ったときは助けてくれる」相手として「インターネット上における人やコミュニティ」を挙げた人は少なく、23・3％にとどまっています。

また、電通未来予測支援ラボが15～29歳の男女を対象に実施した「令和 若者が望む未来調査2019」によると、友人の数は「1～10人」と答えた人が約5割を占めていましたが、全体の半数近くの人は「SNSで知り合った友人の数」を「0人」と答えています。

では、若者はネットの人間関係において何を期待しているのかというと、同調査では「暇つぶしになる」「時間帯を気にしない」「気軽だ」といった項目を挙げる人が多くいました。

これに対し、リアルの人間関係で期待していることについては、「思い出に残る」「気持ちが伝わる」「約束を守ろうと思う」などの項目を挙げる人が多くいました。

このように見ていくと、少なくとも現代の若者たちはネットコミュニティを自分の居場所と感じつつも、友人と出会ったり友人と深くかかわったりするホームベースの代替物とはとらえていないということがわかります。

しかし、その一方で、ネットサービスはどんどん拡大していき、利用者は増加の一途をたどっています。これを僕らは「3段階めの郊外化（第3の郊外化）」と位置づけています。

すでに見てきたように、日本社会は2段階の郊外化をへて、大きな変容を遂げてきました。1段階めは団地化で、地域の空洞化が進みました。2段階めはコンビニ化で、家族の空洞化が進みました。現在起きている3段階めの郊外化は「インターネット化」であり、その結果、進行しているのが人間関係の空洞化です。

システムがプライベート領域を侵食する

宮台　野田さんによる導入を踏まえて、3段階めの郊外化について掘り下げましょう。

ネットコミュニティにおける人間関係は、つき合いたい相手とだけつき合う、つき合いたいときにだけつき合う、相手の見たいところだけを見る、というつまみ食いです。すると、部分的な人間関係しか経験できず、包括的な人間関係から疎外されます。その結果、「相手が困っていたら、思わず自分が動いてしまう」ような損得を超えた利他的つながりを経験できなくなります。実際、そうしたつながりを経験したことがないという大学生が大半です。

思わず動いて、困っている相手を助ける。それで相手が喜んでくれ、そのことに自分も喜びを感じる。同じく、自分が困っているときに相手が助けてくれる。それで自分が喜びを感じ、それを相手も喜んでくれる。そういう喜びは、相対的な快楽というより、絶対的な享楽です。至上の悦びです。でも、ネットコミュニティの人間関係ではその悦びが得られません。だからネットコミュニティが拡大すれば、人間関係の悦びを知らない人が増えます。

すると、何が起こるでしょう。人は他者との関係を、プライベートを含めてコストパフォーマンスだけで測るようになります。だから、人間関係において生じる面倒くさいことやわずらわしいことを回避するようになり、対人能力の退行や未発達も進みます。その結果、人間関係から生じるノイズをますます怖がるようになり、ネットコミュニティのつまみ食い的な人間関係にますます依存する、という悪循環に陥るわけです。

このことは、実はネトウヨやオルトライトの増加という現象とも関連します。ネットの特徴は「見たいものだけを見る」ことです。外国人や移民を排斥している人は、自分と同じ主張を持つ人をネットで簡単に見つけられます。もしその相手が隣にいれば、その佇《たたず》まいから、ただの「あさましいクズ」であることがわかるでしょうが、ネットでは「見たいところしか見ない」から、クズたちが、ヘイトだけをフックに軽々とつながれてしまうのです。

改めて、生活世界とシステム世界の人間関係を対比します。生活世界の人間関係は、価値合理

図表4－3｜3段階の郊外化

◆1段階めの郊外化＝団地化（1960年代）

・地域の空洞化
・家族の内閉化（専業主婦の一般化）

◆2段階めの郊外化＝コンビニ化（1980年代）

・家族の空洞化
・システム化（市場化と行政化）

◆3段階めの郊外化＝ネット化（1990年代後半～現在）

・人間関係の空洞化
・対面の減少（匿名化）

的・コミュニケーション的で、コミュニケーション自体に価値を認めるコミュニカティブなものがメインです。他方、システム世界の人間関係は、目的合理的・道具的で、人間関係は何かの手段です。つき合う相手は、道具として役立てば誰でもいい。性欲を満たすとか、さびしさをまぎらわすとか、暇をつぶすといった目的を果たすために、人間関係を使います。

実際、ネットコミュニティにおける人間関係の空洞化は、「生活世界が縮小したがゆえに、システム世界がプライベート領域をも侵食しつつある事実」を表します。こうした変化は１９９０年代後半から始まっていて、この過程を「３段階めの郊外化（ネット化）」と呼んでいるのです。

こうしたシステム世界の全域化は、秋葉原事件の加藤智大や『黒子のバスケ』事件のWのような感情が壊れた人間を生み出すだけでなく、ふつうの人たちの感情も劣化させます。というのも、システム世界の全域化が進むと、人と一緒にいるための感情が不要になるからです。そういう感情を育て上げられることもないし、使うこともなくなります。

その状況がさらに進行すると、人々はそれぞれのライフスタイルによって分断され、自分と異なる価値観を持つ人たちのことを理解しなくなります。すると、何がノーマルで何がおかしいのかという感情の標準もあいまいになり、人間のまともなあり方についての合意ができにくくなります。それが3段階めの郊外化がもたらしている現実です。

質疑応答 子育て・就職採用活動の損得化

野田 みなさん、ここまでの宮台さんの話を聞いて、どう思われますか。

タカヤマ 若者の性愛からの退却の背景に性愛関係の損得化があるというお話でしたが、その一方で、人間には子どもを残すという生物としての本能が備わっていると思うのですが。それが性愛からの退却を食い止めないのでしょうか。

宮台 生物学的には、子どもを残すことは本能ではなく、単に交尾の本能があるだけです。だから、家族の空洞化や消費社会化が進むと、親は子をある種の耐久消費財と見なすようになります。子どもを持つことによって増大するしあわせと、自動車を所有することによって増大するしあわせを、比べるようになります。

親は、子どもを持つと、いい幼稚園に入れ、いい学校に進学させ、いい会社に就職させるというふうに子育てし、それに成功して周囲の人たちから「いいね」ボタンを押してもらいたいと考えるようになります。「いいね」ボタンはほかのことでも押してもらえます。そこでは、子どもを育てることのメリットとコストが天秤にかけられるのです。つまり、子どもをつくるかどうかも損得勘定による判断になるということです。社会学的には、それが少子化の最大要因です。

ヨコヤマ　人間関係の損得化は、企業と個人の間とか就職・採用活動の現場でも起こっているのではないかと思いました。以前は、就活生はリクルーターを通じて全人格を委ねて終身雇用の企業に就職していましたが、今は条件に合う企業に片っ端からエントリーシートを送って、面接でも個人の価値観とは関係のない質問をくぐり抜けて最終的に採用されています。企業側でも、仮に経営トップや幹部が理念を強く訴えていたとしても、採用活動がその部分を拾えておらず、理念に共感した社員を採用できていません。そのため、企業と社員の関係が労働機能と賃金だけで結ばれただけの関係になってしまっているのではないかと考えているのですが。

宮台　その通り。だから、僕はかつて大学で就職支援委員会の委員長をやっていたとき、学生たちには中小企業へのアプローチを勧めていました。理由は、中小企業は基本的に社長面接があって、社長が「この人はいいな」と思い、就活生が「この社長はいいな」と思ったときだけに雇用関係が成立するからです。おっしゃった問題意識を今後も大切にしてください。

パク　マッチングアプリのようなシステムを使って出会いの効率化を追い求めた結果、かえって恋愛が非効率なものになってしまっているのではないかと理解したんですけど、間違っていますか。

宮台　間違っていません。出会いにコストをかけたくないから、マッチングアプリを使う。マッチングアプリは、スペックでスクリーニングする。すると、相手が見つかっても、もっと条件に合う相手を求めて相手をどんどん替える。多くの人は「おかしいな、なんでこんなに頻繁に相手を替えなきゃいけないんだ」と思う。でも、どうしたらいいのかわからず、不全感も埋まらず、ムダなあがきを続ける。結局は、逆説的なコスト高になります。

マルカワ　僕はバブル世代なんですが、あの頃は女性が男性を「3高」というスペックで選ぶといった風潮がありました。当時はすでに性愛が属性主義になっていたということでしょうか。

宮台　3高とは「高身長・高学歴・高収入」で、バブルの1980年代後半はまさにスペックで相手を選ぶ時代でした。女性が、自動車を持つ男性を「アッシー」と呼んで足代わりに使ったり、お金を持つ男性を「メッシー」と呼んで食事をおごらせたりしました。でもそれらは、バブルが崩壊した後、90年代半ばまでに消えていきます。

具体的には、91年にバブルが弾けるとモードが変わり、「一緒にいると楽しい」という動機で相手を選ぶ人が多数派になりました。結婚情報産業オーネットの時系列的な統計調査がその事実を明らかにしています。よい時代になったなと思いました。ところが90年代後半、特に96年以降、街も人間関係も冷えました。ネット化＝3段階めの郊外化が、背景の一つです。それに続いて、先ほど話した統計的な性的退却が始まり、再びスペック重視に逆戻りしたのです。

それから25年たちました。「冷えた時代」「スペックの時代」は長期的に続いていて、このままでは確実に永続します。それではまずいので、さてどうしようか、という話をしています。3段階めの郊外化を含めて、システム世界に完全に適応しきった結果、生活世界における人との関係についての経験値が下がった。そこをどうするか、という問題意識になります。

Conclusion

第4章のまとめ

若い世代は、ネットやSNSで生まれるコミュニティが、システム世界の全域化と共同体空洞化を埋め合わせるホームベースとなりうると考えるかもしれない。しかし残念ながら、そうではない。

1990年代以降に急速に進行してきた「インターネット化（ネット化）」は、むしろ人間関係を空洞化させている。なぜならネットの世界における人間関係は部分的であり機能的だからだ。人は何らかの理由を持ってネットコミュニティに参画する。あるいは自身の目的を果たすためにネットを通じて人と出会う。そうすると、そこでの人とのつながりは、きわめて限定的、合目的的にならざるをえない。

その典型が、マッチングアプリを通じた属性主義に基づく男女の出会いであり、その関係は損得勘定に動機づけられている。本来の人間関係は全人格的なものであり、それゆえわずらわしさを排除できないが、ネット上では人は、自分のつながりたい相手と、つながりたいときにだけ関係を持つようになる。

こうした「3段階めの郊外化＝ネット化」は、プライベートの領域にまでシステム世界が押し寄せてきたことを物語っている。当然ながら、その影響は、社会の中に生きる僕ら一人ひとりに及んでいる。

ではどうするべきか。注意しなければならないのは、損得を超えた人間関係は、われわれにとって必ずしも自明のものではないということだ。その大切さを知るためには、両親や先輩といった、損得を超えて生き、人間関係を結ぶロールモデルの存在が必要となる。この点については、後段で「未来に向けた処方箋」を提示する際に再び言及する。

Chapter 5

第5章
「われわれ意識」が喪失した社会をどう統治するか

ここからは視点を変えよう。

前章までは、読者のみなさんに社会全体を見渡し、その変容の実態を把握してもらうとともに、社会を構成する個人としての自身のあり方を振り返っていただいた。

しかし、社会を見る際にはもう一つの視点を必要とする。それは「統治」の視点だ。社会は統治によって秩序を維持しなければ成り立たない。

現在の国民国家では、個人の主体性が低下し、「われわれ意識」が失われていく中、統治コストが増大している。その一方で、科学技術の急速な進展にともない、監視カメラなどを用いて人々の行動をコントロールする手法も確立しつつある。それは一部の権威主義的な国家に限られた話ではなくて、日本を含めた先進諸国においても、相互監視社会の到来は現実性を帯び始めている。

こうした状況に僕らはどう対峙すべきなのか。読者には統治者の視点で考えていただきたい。

みんなでみんなを統治するための感情的能力

宮台　初めに、近代社会が機能するための条件をお話しします。近代社会に関する基本的な思考の材料は、18世紀後半までに出そろっています。たとえば、ジャン＝ジャック・ルソーやアダム・スミスの思想です。彼らの思考が示すのは、近代社会が機能するためには、共同体成員の「感情的能力」を前提とした「主体性」と、マクロな秩序を保つための「統治」が必要だということです。

まず「主体性」という概念を定義しておくと、個人が自律的に判断して行動する力を意味します。誰かに依存したり周囲に同調したりするのではなく、自己決定的に考えて行動できること。それが近代社会における個人に要求される特徴だと考えられてきました。その根底にあったのは、個人が自律的に判断して行動する能力を身につけているほど、個人が尊厳を得られて、かつ統治権力の負担が軽減されるのだ、という考え方です。

次に「感情的能力」とは何か。これについてはルソーが「ピティエ（pitié）」という概念を用いて説明しています。しばしば「哀れみ」と訳されますが、よい訳ではありません。理由をお話ししながら、ルソーの思考を紹介します。

ルソーが理想としたのは民主政の社会、それも直接民主制の社会でした。といっても、彼が擁護していたのは、直接民主制という制度そのものではなく、直接民主制がもたらす帰結です。具体的には、統治者も行政官も不要な、「みんなでみんなを統治する社会」の実現です。そのために必要となるのが「個人が、自分のことだけを考えるのではなく、みんなのことを考える」という感情的能力で、それがピティエです。

民主政というと多数決のことだと思われがちですが、ルソーによるとそうではない。多数決による意思決定では、少数派はしばしば服従を強いられます。多数派にとっては有利でも少数派には不利に働く決定であれば、少数派が犠牲になります。でも、それでは「みんなでみんなを統治すること」にはならないというのが、ルソーの考えです。それが『社会契約論』（1762年）の基本的な主張です。

民主政が成り立つには、政治的決定が各人に何をもたらすかを「想像でき」、そのことが「気にかかる」という各人の感情的能力が欠かせないと言うのです。ある決定がなされる際に、私にとってはよい決定だけれども、他の人にとってはどうだろうかと想像でき、しかもそのことが気にかかって仕方ない。それがピティエです。各人が他の人たちのことを想像でき、気にかけることができれば、その決定は「一般意志」に近づくとルソーは言います。

この「みんなでみんなを統治する社会」は、規模に限界があります。実際彼は、民主政の最大規模を、彼が生まれた頃のジュネーブの規模つまり2万人だと想定していました。ルソーの仮想敵は、大規模な社会を前提に、代議制という間接民主制を提唱したジョン・ロックです。代議制は「誰かに統治を任せる」やり方なので、選挙が損得勘定で釣る動員合戦になりがちで、そこには各人のピティエが働きにくい。だから民主政の名に値しないとしました。

次にアダム・スミスの思考を紹介します。ルソーが政治に関する感情的能力を問題にしたとすると、同時代のスミスは、経済つまり市場にかかわる感情的能力を問題にします。

市場競争は勝者と敗者を生みますが、そのことで社会が台なしになれば、最終的に市場の働きも阻害されます。市場が社会を台なしにしない範囲で自動調整機能を示すには、市場参加者が「他人の苦しみや悲しみを、自分の苦しみや悲しみのように感じる」同感能力を持つことが不可欠で、それがあれば市場の負の帰結を除去できると考えたのです。具体的には、困っている人から買い叩かずにむしろ高く買うといったことです。

その意味で『諸国民の富（国富論）』（1776年）は、その10年以上前に書かれた『道徳感情論』（1759年）の延長線上にあります。彼の経済学が「スコットランド道徳学派」と呼ばれるゆえんです。その含意は、「市場の誤った作動は、市場自体の問題というより、人々の道徳感情の劣化によるもの」というもので、約100年後のカール・マルクスの議論との兼ね合いで大切になります。マルクスが『資本論』（1867～1894年）で、「道徳感情の劣化の原因は、資本主義的な市場自体にある」としたからです。

この図式を行政官僚制に当てはめて、「行政官僚制が感情的劣化を招く」としたのがマックス・ウェーバーです。マルクスとウェーバーを総合すれば、「感情的劣化で市場や行政の『誤った作動』がもたらされるが、その感情的劣化は市場や行政の『通常の作動』によってもたらされる」という命題になります。この講義では「人々がシステム世界（市場と行政）を頼るほど、人を頼らなくなって自動的に感情が劣化する」と説いていますが、これはスミス→マルクス→ウェーバーという流れの上にあるオーソドックスな思考なのです。

「われわれ意識」を失った国民国家

野田　話をルソーに戻すと、実際の社会は矛盾を抱えて出発することになりましたね。近代において結果として成立したのは、ルソーが理想として掲げたような2万人の社会ではなくて、非常に規模の大きな「国民国家」でした。政治体制も、ルソーの理想とはまったく異なり、統治者と行政官を必要とする間接民主制になりました。そういう社会では、ルソーの言うピティエやアダム・スミスの言う同感能力は容易に働きません。

宮台　その通りです。ルソーの理想との乖離を理解いただくために、ここで改めて、国民国家について整理しておきましょう。

国民国家は、ナポレオン戦争をきっかけに19世紀半ばに誕生した体制で、その歴史はいまだ200年に届きません。ナポレオン戦争では当初、フランス軍が圧倒的に優勢でした。フランス軍が国民兵によって構成されていたのに対し、対抗するヨーロッパ諸国の軍隊は傭兵を中心に構成されていたからです。国民兵は、「国民は仲間だ」という「われわれ意識（we-consciousness）」を持ち、忠誠心がありますが、金が目当ての傭兵には損得勘定しかありません。だから、フランス軍がいったん優勢になると、対仏大同盟軍の傭兵たちはさっさと逃げました。

そのため、戦後のヨーロッパでは、戦争に勝てる強い国民兵をつくり出す必要から、次々に国民国家が生み出されました。それらが産業革命を背景にものすごい勢いで帝国主義化していったのが、19世紀の後半から末にかけての世界史の展開です。その意味で、国民国家は、そもそも「戦争マシーン」として要求された構築物なのです。

この性格は今日も変わりません。規模の大きな国家における統治者や行政官の役割は、戦争に向けて国民や資源を動員することです。そのために「国民は仲間だ」という意識づけが使われてきました。昨今の「新型コロナとの戦い」においても同様です。

他方、規模の大きな国家では「国民は仲間だ」という意識を醸成するために、戦争が使われてきました。戦争のために「国民は仲間だ」があっただけでなく、「国民は仲間だ」のために戦争があったのです。その証拠に、戦争が終わって時間が経つほど、課税の累進率が低下してきた歴史があります。戦争が忘却されると「国民は仲間だ」という意識もまた忘却され、高い累進課税率を維持できなくなるからです（ケネス・シーブ、デイヴィッド・スタサヴェージ『金持ち課税——税の公正をめぐる経済史』立木勝訳、みすず書房、2018年、原著は2016年）。

「戦争のための国民国家」という側面でも「国民国家であるための戦争」という側面でも、ともに不可欠だったのが「感情への設計」です。為政者たちは、国民を結集させ、国力を増強するために、感情に働きかける統治に注目してきました。だから「産めよ殖やせよ」「国を愛そう」「勤勉はしあわせへの道」といったメッセージをさかんに発し、国民の感情の働きをプロパガンダ（政治宣伝）や教育を通じてコントロールしてきたのです。

このように国民国家は、近代社会の理想像とは裏腹に、大きな矛盾をはらんでいました。つまり、エマヌエル・カントが掲げた「恒久平和の実現」という理想と、「戦争マシーンとしての国民国家」という現実との間に、埋めがたい齟齬がありました。けれど、それでもかろうじて運営されてきたのは、感情への設計（戦争を背景とした愛国教育）によって「われわれ意識」をインストールされた国民の中に、国民のためを考えて生きる「比較的まともな市民たち」がいたからです。「比較的まともな市民たち」が理性的に振る舞うことで、国民国家が支えられてきたのです。

ところが第2次世界大戦が終わって以降、国民国家は大きな転機を迎えます。それは、国家同士が互いに全力を挙げて戦う総力戦が、コストがかかりすぎるという理由で、起きなくなったためです。すると、戦争マシーンである国民国家は、国民同士の「われわれ意識」を維持できなくなります。その結果、国民の間にもともと存在する分断の線が、くっきり際立つようになります。

事実、アメリカはベトナム戦争で約5万8000人の死者を出しましたが、それで政権が倒れるほどのダメージを受け、その後は「国民が、仲間のために自分を犠牲にして国家に尽くす」というストーリーは成立しなくなりました。古くはトマホーク、今ならドローンのような遠隔操縦兵器が開発されてきたのも、アメリカが「戦争で人が死ぬことを許容できない社会」になった表れです。もはや「アメリカ人だからといって仲間であるわけではない」のです。

詳しく見ると、戦争がない平和な国民国家では、経済活動が社会の主軸になり、自由競争を通じて貧富の差が拡大する一方、戦争の不在で「われわれ意識」が空洞化して再配分が不十分になります。それで貧富の差がますます拡大し、すると「われわれ意識」がますます薄れて富の再配分に合意できなくなります。この悪循環がすでに進んでいます。これは、マルクスが言う「自然過程」、つまり水が高い場所から低い場所に流れるような自動的な出来事です。

国民の間に仲間意識があれば、一緒に助け合います。でも「われわれ意識」が失われた社会では、金持ちが貧しい人の暮らしを見ても、「あんな自堕落なやつらに財産を分けたくない」と思うのが自然です。その結果、累進課税制度や国民皆保険などの再配分メカニズムを継続できなくなります。加えて、国民同士が仲間ではないので、経済的弱者が互いに連帯できず、逆に「お前が俺の食い扶持を減らしている」と足を引っ張り合うようにもなります。

それでも、国民国家の統治がある時期まで——日本で言えば50年から60年ぐらい前の昭和の時代まで——なんとか維持されてきたのは、倫理的な指導者たちがいて、「われわれ意識」を自ら体現していたからだと言えます。そして、そうした倫理的な指導者を育んだのが、国民国家の成立に先立って社会の基盤となってきた共同体だったのです。

かつては、国家の中に、国家以前的な共同体が残っていました。共同体の中では、自分のことだけ考えていたら生きられません。だから、誰もが他人に助けられた経験を持ちます。すると、人は倫理的に育ちやすくなります。かつての指導者たちもそう。共同体で育まれた意識をベースに、国民全体を仲間だと考えて統治しました。でも、共同体が空洞化すれば、倫理的な指導者を育む環境も消えます。実際にそうなりました。

他方、現在では、ＡＩ（人工知能）やデジタルを筆頭に科学技術（ハイ・テクノロジー＝テック）が急速な発達を遂げています。最近は特に、テクノロジカルなプラットフォームをつくる巨大ＩＴ企業、いわゆる「ＧＡＦＡＭ」が、統治コストを軽減させるだけでなく、統治者の機能を代替する現象も起き始めています。そうした流れの中で、個人の主体性と社会統治のあり方をどう再設計するべきなのか。みなさんが社会の奴隷にならず、社会の主人としての存在の仕方を失わないためには、どうすればいいのか。そういう議論をしてゆきたいのです。

独立する富裕層

野田　大変重要な話ですね。ルソーの描いた理想は、ピティエという感情的能力と主体性を持つ個人を前提に、みんなでみんなを統治する社会だったのに対して、実際生まれた国民国家は、似ても似つかぬ戦争マシーンとして誕生した、いわばフィクションだった。そこでは、そのフィクションを維持するために「われわれは同じ国民である」という意識が統治者によって意図的にインストールされてきており、その「われわれ意識」が、国民国家における国民の主体性を一定程度担保してきたということですね。

その「われわれ意識」は、国民国家同士の大規模戦争がなくなった現代においては、もはや維持できなくなっているということですが、この「われわれ意識」の消失に関連して、実際にアメリカで起きている現象をご紹介しておきます。

ジョージア州の北部にサンディスプリングスという市があります。人口約9万4000人（20

14年時点)、市民の平均年収は1000万円近く、医師、弁護士、会社経営者らが多く暮らす高級住宅地です。

この市は、2005年に住民投票で94%の圧倒的多数を得て、それまで属していたフルトン郡から分離、独立して誕生しました。新たな市を設立することによって、貧困層に多く配分されていた税金を取り戻したいという主張が富裕層だけでなく中間層にも支持されました。

独立後のサンディスプリングスでは、警察と消防を除くすべての業務を民間企業に委託し、同じ規模の市なら数百人は必要な職員の数を9人に抑えてコストカットを徹底しました。市民課、税務課、建設課といった部署はもちろん、市の裁判所の業務も民間委託することになりました。

コストカットによって浮いたお金は、富裕層の要望を受けて、市民の安全を守るサービスに使われています。市民からの通報を24時間体制で受けつける民間の緊急センターには、市民の住所や家族構成、持病の有無などさまざまなデータが登録されており、市民が電話をかけると、90秒で警察や消防が出動します。市内全域に150人の警察官が配置されており、早ければ2分で現場に到着すると言われています。そうした公共サービスについては市民の9割が満足と回答しており、うわさを聞きつけた富裕層が全米から流入し、人口は増えています。

その一方で、フルトン郡では、サンディスプリングス市の分離・独立などが原因で、年間40億円余りの税収が減りました。そのため郡内では、ゴミ収集の頻度が下がったり、図書館の開館時間が短くなったり、公園の予算が削減されたりしています。それだけではありません。貧困層の治療を中心に行う公立病院の予算も約26億円削減されることになりました（ＮＨＫ「クローズアップ現代」『〝独立〟する富裕層～アメリカ　深まる社会の分断～』２０１４年４月22日放送）。

サンディスプリングスは一見、共同体のように見えますが、その実態は損得勘定に走る富裕層たち、宮台さんのよく言うところの「あさましい人たち」の集まりです。住民たちは、自分が住む地域に愛着があってコミットメントを行っているわけでもなく、互いに「われわれ意識」を持っているわけではない。市が提供する行政サービスからの便益と自分たちが負担するコストを天秤にかけて、損得で自分が住む場所を決定しているにすぎない。

アメリカでは、住宅地の周囲を塀（ゲート）で囲んで住民以外の人々が中に立ち入るのを防ぐ「ゲーティッド・コミュニティ」が各地に見られますが、ある意味ではサンディスプリングスもその一形態です。でも、カネの切れ目が縁の切れ目。自分が没落すれば、そのコミュニティからは立ち退かなくてはいけない。

こうした「独立する富裕層」の現象は全米各地に広がりつつあり、分断が進むアメリカ社会では、もはや「国民＝仲間」という意識、「われわれ意識」が維持できなくなっていること、社会の統治コストが飛躍的に増大していることを示しています。

ディスカッション

システムに依存するほど、世界はバーチャルになっていく

野田　さて、社会の統治についての頭の整理ができたところで、ここからはいったん未来を展望してみます。先ほど宮台さんからもお話があったように、国民国家において社会の統治が困難になる中、近年では科学技術の発展によってテクノロジーが統治の機能を代替するといった現象も起き始めています。〈個人の主体性〉と〈社会の秩序維持のための統治〉がここでの問題意識ですが、未来においてこの両者はどんな関係になっていくのでしょう。

この問題について考える際に興味深いのが、映画『マトリックス』(ラリー・ウォシャウスキー、アンディ・ウォシャウスキー監督)が描く世界です。世界的に大ヒットしたハリウッド作品なので、たぶんみなさんの中にもご覧になった人が多いでしょうが、公開されたのは1999年、今から20年以上も前なんですね。

改めて説明しておくと、この映画は、キアヌ・リーブス演じる主人公「ネオ」が、人類が現実だと思っている世界が実はAIによってつくり出された仮想空間(マトリックス)であることを知らされ、人類をAIによる支配から解放する戦いに身を投じていくというストーリーになっています。

そこでは個人の主体性は存在しておらず、科学技術が作り出したシステムが社会の統治を行っているのですね。人間がもはや社会の主役ではなく、社会の主役であるテックシステムの奴隷になっている姿が描かれているのが印象的です。

みなさんは、作品の中で描かれている「未来社会」と「人間存在」をどのように評価しますか。あのような未来にどこまでのリアリティ、実現可能性を感じますか。これが僕らからの問いかけです。

カジカワ　『マトリックス』のストーリーについては、現実にかなり重なる部分があると感じています。人間は利便性向上のためにシステムをつくり出しますが、使い方を間違えると、人間の行動がシステムに支配されてしまいます。実際、ＡＲ（拡張現実）やＶＲ（仮想現実）のテクノロジーが進展していけば、映画の中に描かれていたようなことは現実の世界でも起こりうるだろうし、「ポケモン ＧＯ」が流行した様子などを見ると、現在は、人間がシステムに支配されている世界が垣間見えている予兆段階なんじゃないかなと感じています。

モトキ　今の社会では人間はお金に支配されているけれども、今後はＡＩに支配されるようになるんじゃないかという気がします。すでに人間はＡＩがはじき出す最適解に従って動き始めていますし、そのシナリオの延長線上には『マトリックス』の世界があるのかもしれないというふうに考えています。

宮台　モトキさんは今、大事なことをおっしゃった。「お金が人間を支配する社会」と「ＡＩが人間を支配する社会」はなだらかにつながっています。社会の秩序を金儲けの観点から見れば、人々のシステム世界への依存度が高まれば高まるほど、そこに市場がつくられるからです。その市場は格差や貧困を生みますが、それを再配分で埋めずにバーチャル世界が与えるしあわせで埋めれば、金儲けの障害はさらに消えます。だから、バーチャル化が避けられなくなるのです。

昔の人間は、狩猟採集や農耕の営みを通じて、自分たちの身体を使い、自然界から食べ物を獲得しました。だから、自分たちが何をどうやって食べているのかがリアルにわかりました。社会が複雑化して分業が始まると、自然界から食べ物を手に入れる人と、食材を買って家で調理をする人が分かれます。さらに現在、食品は工場というシステムで加工されます。出来合いの食品やインスタント食品を店で買ってくれれば、調理に手をかけずに食事できます。

これは「便利になった」だけでは済みません。自然界から隔離され、食が間接化されてしまうと、多くの人が日常的に食料調達や調理の負担を免除される代わりに、事故や災害でテクノロジーや流通が止まったりした瞬間に食うに困る事態になります。食や調理に関する多くの部分が、すでに僕たちにとってバーチャルになっています。とはいえ、今さらリアルな自然界から食べ物を直接手に入れて加工したりすることなど不可能です。

その意味で、ＡＩによる支配を描いた『マトリックス』の世界を、単に「誤ったテクノロジーの産物だ」ととらえるのは、浅い。むしろ、近代化にともなうシステム依存で、僕たちはさまざまな負担を免除された代わりに、自分では何もできない頓馬《とんま》になっている事実を示唆しているのです。さらに言えば、近代化にともなう汎システム化（システム世界の全域化）がいわば自動運動になっていて、人がその外に出ることが不可能に近いという現実も描かれています。

クサカベ　『マトリックス』の中には、途中で主人公たちを裏切るサイファーという人物が出てきますが、「彼の気持ちもわからなくもない」という気もしています。荒廃した世界で生きていくのがつらいのであれば、自分の体をエネルギー源としてＡＩに差し出して快適な人生を送るという選択もべつに悪くはないんじゃないかと。

宮台　世直しや革命や方向転換の動機づけは、現実をどのくらい変えられるかという可能性によっても決まります。だから、現実が『マトリックス』的になれば、反抗をあきらめた方がしあわせに生きられると思うようになるのは、自然です。主人公たちは「ここで踏ん張らないといけない」と戦っていますが、僕の中学生の長女と小学生の次女は「サイファーでいいじゃん。マトリックスの外に出ようとするなんて、頭おかしくね？」と言います。公開から20年以上経ち、意識はそこまで進んだのです（笑）。

社会学では「構造化理論」といいますが、すでにでき上がった社会は、諸個人を適応させ、そうした諸個人の適応が、すでにでき上がった社会をますます強固にします。つまり、個人の適応と、社会の秩序化は、互いを強化する相補的な関係にあり、それゆえに、社会は変えることが難しい構造として立ち現れるというわけです。デュルケム研究から出発してイギリス・ブレア政権のブレーンも務めたアンソニー・ギデンズという有名な社会学者の議論です（アンソニー・ギデンズ『社会の構成』門田健一訳、勁草書房、２０１５年、原著は１９８４年）。

また、作家でアクティヴィストでもあるレベッカ・ソルニットは『災害ユートピア』（高月園子訳、亜紀書房、２０１０年）で、そうした構造が問題を露わにするのは災害時だとします。その意味で、コロナ禍は福音（よい知らせ）でもあります。「われわれが依存するシステムは、こんなにも脆弱なのか」と気づくことができるからです。ただ、気づきをチャンスにして、システム世界に飲み込まれない生活世界の確保を決意しておかないと、平時に戻ったときに再びシステムに飲み込まれた状態を当たり前だと感じるようになり、システムの脆弱さに飲み込まれます。

ディスカッション

監視社会が生むのは恐怖か安全か

野田　『マトリックス』は20年以上前に作られた映画ですが、科学技術が急速に進展しつつある今、そこで描かれたのはもはや空想の世界とは言えなくなっているようです。そうした中、未来を展望しながら僕らはどのように社会統治のあり方をデザインしていくべきなのか、ここからは現実に目を移して考えてみましょう。

まず例として取り上げるのは中国です。みなさんもニュースなどを通じてよくご存じでしょうが、中国は世界でも飛び抜けた監視社会です。監視カメラの世界市場の約半数は中国が占めており、監視カメラメーカーのシェアにおいても中国企業が上位に並んでいます。監視カメラが多い都市の世界ランキングでトップテンに入っているのも、ロンドンとアトランタを除けば、すべて中国の都市となっています。

また、中国では監視の技術も発達していて、路上に設置したカメラで人の歩き方やシルエットを捕捉して個人を特定する「歩行認証技術」が実装されています。たとえば赤信号を無視して道路を横断したら、その人の名前と違反の様子が道路脇のスクリーンに映し出される仕組みになっており、これによって法令違反や交通事故を減らそうとしています。

もう一つ、中国が社会統治の新たな手段として導入しているシステムが「信用スコア」です。信用スコアといえば、アリババグループの関連企業が開発した「芝麻（ジーマ）信用」がよく知られていますが、現在はこれを国家規模で実装しています。人々の行動は、監視カメラの記録や市民からの報告に基づいて点数化され、ボランティアをやったら点数が上がるとか、公共料金の納付が遅れたら点数が下がるといった管理もなされています。

中国におけるこうした取り組みを、みなさんはどのように評価されますか。

ノバーク　ものすごく怖いと思います。私は東欧出身なので、社会主義体制だった時代のことを思い起こします。当時は、市民同士が互いの様子を監視し合って、情報を政府や警察に報告していたと、おばあさんやひいおばあさんから聞きました。当局にもたらされた情報によって、仕事をクビになった人や学校に行けなくなった子どももいたそうです。

カワカミ　監視社会からは、排除とか分断とか拒絶といった印象を受けます。社会の安全を維持するために市民を監視したり、その行動をスコアリングしたりする意義はわからなくはありませんが、たとえば信用スコアの高い人とはつき合うけど、スコアが低い人とつき合うのは避けるというふうな風潮が広がってしまうことを考えると、安全のために何か大事なものを切り捨てているような感じがします。

野田　中国からいらっしゃっているみなさんはいかがですか。話しにくいかもしれないけれども。

ヤン　難しい問題で、私自身、判断しづらいところなんですね。たぶん、欧米人や日本人と中国人って考え方が違っていて、自分のすべてを政府に把握されることを怖いと感じるか、安全だと感じるかというところの考え方が真逆だと思うんです。政府を信用できるかできないかというところの考え方も違っていて、政府が信用できるのであれば、個人情報を把握されていても不安はないというふうに多くの中国人は感じているのではないかと思います。私自身も、情報が変なふうに使われていなければ、べつにいいかなという感覚です。

アイダ　私は、信用スコアは人々の感情の劣化を引き起こしかねないシステムだなと思います。子育てにも通じるんですけれども、子どもに何かをやってほしいときに、「これをやったら、ごほうびをあげる」と言ってはいけないというのは、どんな育児書にも書いてあることです。それは子どもがごほうびを目的に親の言うことを聞くようになるからです。

今の中国のシステムは国民をそういうふうな人間に育ててしまう可能性があって、スコアの点数を上げることを目的に人生を歩む人が増えてしまうんじゃないかと感じました。

ヤン　政府がそういうふうに監視システムを使おうとしているのであれば、それはいけないことかもしれません。しかし、中国人のレベルってバラバラで、中には法律やルールに従わない人も多いのです。だから監視カメラや信用スコアが社会全体の底上げにつなげるという目的で実装されるのであれば、それでもいいのかなとも思います。怖いシステムになるのか、よいシステムになるのかは、まだ誰にもわからない状態です。

宮台　今のやりとりは大変重要です。市民が相互にパブリックマインドを当てにできる「信頼ベースの社会」では、監視カメラは嫌われます。他方、そうした信頼がない「不信ベースの社会」では、監視カメラはむしろ人々に好まれます。そうした違いには歴史的な経路依存性があるので、簡単には変えられません。

あと、統治権力に対する信頼があるかどうかも大切です。一般に、近代社会では、人々は統治権力を信頼しすぎてはいけないと教育されますが、中国の人たちは、それとはまったく逆の教育を受けます。だから、中国の統治権力は不信の対象になりにくく、それもあって、監視カメラに大きな抵抗感がないのでしょう。

ちなみに、僕のゼミにいる中国人留学生はこう言います。「芝麻信用の拡大版が、政府によって全国化されるのは避けられない。だが、自分たちでも知恵を働かせるようになった。わかりやすく5段階スコアで言えば、4・2ぐらいまでの人間は信用するが、それ以上のスコアを持つ人間は、究極の損得人間の可能性があるので、逆に信用しない」と。いわば、「上有政策、下有対策」（上に政策あれば、下に対策あり）という言葉の体現ですね。

ディスカッション

個人が自発的に監視し合う社会へ

野田　以上は中国の例ですが、欧米や日本の今後についても考えてみたいと思います。というのも、僕らはすでにお互いを評価し合う社会に生きているからです。たとえばネットの配車サービスを利用したときはドライバーを評価するし、旅行サイトやグルメサイトを使ったときはホテルや飲食店を評価しています。中国のように政府主導で信用スコアが導入されているわけではありませんが、ネット上では日々、ユーザーが商品やサービスを点数やコメントで評価するのが当たり前になっています。

その延長線上には、個人同士が互いに評価し合う社会があるというふうには考えられないでしょうか。信用スコアとSNSがつながっていて、各種のサービスを利用するときだけでなく、友人同士で、あるいは会社の上司や同僚たちとも互いに行動を評価し合い、スコアが高くなれば社会的経済的地位が上がって、さまざまな好待遇が受けられる。そのようなテクノロジーに依存した相互評価社会の到来を予測したテレビドラマも海外ではつくられています。Netflixで配信されている英国のテレビドラマシリーズである「ブラック・ミラー」は、テックがもたらす予期せぬ社会変化を描くSFアンソロジーですが、シーズン3（2016年）の第1話「ランク社会」（ジョー・ライト監督）というエピソードが、まさにこの近未来を風刺的に描いています。主人公の女性は、人が人を評価し合い格づけ（ランクづけ）する社会に生きていて、朝起きてカフェに行っても、職場においても、タクシーに乗っても、相手からの好評価を得て懸命に評判スコアを上げようと必死で生きています。一定以上の評判スコアがないと優遇サービスも受けられなければ、よいマンションに入ることもできず、就職もできないという近未来になっているからです。

中国の監視が当局による「垂直型監視」だとしたら、こちらは人々による自発的な「水平型監視」と言っていいのかもしれません。信用スコアが統治権力による「垂直的な集計」だとすると、評判スコアは「C to B」「B to C」「C to C」などの「水平的な集計」です。仮想での議論となりますが、みなさんはそういう社会を受け入れられますか。

ルロワ　僕は個人が個人を評価するシステムをつくるのであれば、ルールがフェアでなければいけないと思っています。たとえば親が借金をしていると子どものスタートポイントが低くなるとか、デスクワークの人は外部の人から評価される機会は少ないけど、サービス業の人はその場の立ち居振る舞いが常に評価の対象になるといったアンフェアなルールのまま、単純に点数で評価するというのは間違っているんじゃないかなというふうに思います。

ウルマニス　家の外では、高い評価をもらえるように鎧を身につけて行動し、家に帰ったら鎧を脱ぐような二面性を持つ人が増えて、社会における人と人とのつながりがより希薄になっていくのではないかと思いました。

アイダ　私は、非常に息苦しい社会になると思います。偶然出会った人に主観的に低い点数をつけられてスコアが下がってしまうと、これから出会う人からも色眼鏡で見られますし、そうすると負のループから抜けられなくなってしまいます。

野田　旅行サイトやグルメサイトでユーザーに評価をされているホテルや飲食店もそういうループからすでに抜けられなくなっているとは考えられませんか。

アイダ　しかし、仕事で評価されるのと全人格を評価されるのとではやや違うかなと思います。

野田　確かに、いろんなところでの評価データが水平に連結され、全人格を評価されるようになるのが危険なのでしょう。でも、ビジネスの側からすると、そうなればデータを独り占めできますから、そういうプラットフォームをつくりたいと思うアントレプレナーが今後出現してもおかしくありませんね。

宮台　会社や店が営利目的なのは当たり前で、「C to B」で評判システムが使われることには問題がありません。Uber や Airbnb が用いているシステムです。他方、「C to C」で、つまり個人が個人を点数で評価するようになるのはどうか。そうなると、かつてなら内発的な善意が動機だと感じられた他者の振る舞いが、信用スコアを上げるための損得勘定が動機だと感じられるようになります。それが公共空間での振る舞いに留まるならまだしも、行き過ぎれば、家族間や夫婦間でさえも、互いの内発的な善意によるものだと感じられなくなる。誰もが自分の内発的な善意を信じてもらえなくなるのは、尊厳にさわる問題です。不快に感じて当然でしょう。

野田　ただ、考えてみたら、アメリカのレストランでウエイターやウエイトレスにお金を渡すチップ制度も似たようなものですよね。彼ら彼女らがお客に笑顔を見せているのはお金目的であって、善意や思いやりの気持ちからニコニコしているわけではない。

宮台　日本でもマクドナルドやスターバックスの店員のスマイルは、営業上の損得勘定によるだけだとみんなが知っています。「C to C」だけど、「C to B」のコンテキストですよね。でも、純粋の「C to C」つまり、個人同士のプライベートではふつうはそうではないと、野田さんや僕は思いますが、それすら最近は疑わしい。若い学生に「損得を超えるのが大事だ」と言うと、「損得を超える感情を持ったことがない」と答える学生たちが少なくないからです。社会はすでにそんなふうになっているのです。

野田　いったんここで止めましょう。この議論は、次講でさらに深掘りしていきますが、テックに実装され21世紀に姿を現しつつある監視社会も、これまでずっと議論してきた構造的問題と性格を同じくしています。僕ら一人ひとりが、「安全・快適・便利」を求めて、他者を評価し、他者からの評価に応じて行動する。その判断や行動の一つひとつはきわめて合理的ですが、その集積が中長期的に、自分たちを窒息させかねない巨大なシステムとなり、そのシステム自体に僕らが管理されてしまうのです。

新型コロナウイルスの感染が拡大し始めた頃、中国では、個人情報を収集して感染や濃厚接触の疑いのある人を追跡、特定するスマホアプリをいち早く導入しました。こうした厳しい措置は当初、世界を驚かせましたが、その後、似たようなソフトウェアは欧米の先進国などでも次々に導入されていきました。個人の自由とプライバシーを大切にする僕らであっても、短期的な安全という便益のためには監視ツールを歓迎してしまうというところに、構造的問題の本質があるのでしょう。べストセラー『サピエンス全史』（柴田裕之訳、河出書房新社、2016年）で人類の発展の歴史を説いた歴史学者ユヴァル・ノア・ハラリは、コロナ禍は政府による監視の対象が「皮膚の上」から「皮下」へと一気に進むきっかけにもなりかねないと警鐘を鳴らしています（Yuval Noah Harari "the world after coronavirus" The Financial Times, March 20, 2020）が、社会の統治という観点からすると、そこには一定の合理性があることはまぎれもない事実なのです。

Conclusion

第5章のまとめ

社会が社会として機能するためには、秩序が必要だ。そのために社会は統治を必要とする。社会学は、西洋近代に興った学問だが、この近代という時代は実は大きな矛盾をはらんでいた。その矛盾は、近代とともに生まれた国民国家が、個人の主体性と、「国民は仲間」だという「われわれ意識」によって成り立っていたことに起因する。

「仲間」とは、もともとは近代以前の共同体の中で育まれたコミューナル（共同体的）な意識に基づく関係性だ。誤解を恐れずにあえて言葉にすれば、古来人間は「人を殺してはいけない」というルールに従ってきたのではない。従ってきたのは「仲間を殺してはいけない。仲間のためなら人を殺してもいい」というルールだ。

しかしながら、「国民＝仲間」という意識は、戦争マシーンとしての国民国家が人工的につくり出した共同幻想（フィクション）にすぎない。だから、国家間の大規模な戦争がなくなった第2次世界大戦以降、この意識は急速に失われていく。平和な社会では市場経済の発展にともなって貧富の格差が拡大したが、国民同士が仲間でなくなれば、富の再配分は難しくなり、社会は不安定化する。現在、世界中で民主主義が機能不全に陥っている理由もそこにある。

システム世界の全域化によって、感情が劣化して主体性を失った個人が量産され、他方では「われわれ意識」が消滅していく中、僕らは社会統治のあり方をどのように展望すればいいのだろう。

今、僕らの社会では、街中に張り巡らされた監視カメラやAIの画像認識技術によって個人の行動を捕捉することが可能となっている。さらに個人の信用スコアを測定することによって、「よき市民たるべし」との規範を示し、不道徳な行動を矯正することまでができてしまう。中国式の「垂直型監視」、欧米や日本で許容されつつある「水平型相互監視」、バリエーションの違いこそあれ、そこから垣間見えるのは、科学技術（テック）に牽引されたシステムが統治の主役の座に収まり、僕ら人間はシステムに隷属する近未来の兆しだ。

果たして人間は、社会のそして統治の主役であり続けられるのか。僕らは重大な岐路に立っている。

Chapter 6

第6章

神格化するテック、動物化する人間

成員の主体性を前提としてきた社会を統治するにあたって、個人の感情を劣化させるシステム世界の全域化は大きな脅威となる。ならば、こうした状況にどう対応すべきなのだろうか。

システムとの向き合い方には、二つの方向性がありうる。一つは、システム化の流れに対して抗うアプローチであり、もう一つは、システム化の流れを受け止め、むしろシステムを利用せんとするアプローチである。

二つは真逆のアプローチだが、実はこれが、ヨーロッパとアメリカの伝統的なスタンスを反映したものだった。ヨーロッパ的アプローチでは、生活世界の空洞化を警戒し、システム世界の全域化を意識的に制約しようとするのに対し、アメリカ的アプローチは、システム世界の全域化をさらに徹底することで、システム化によって生じる不信や不満をシステムで埋め合わせようとする。

読者のみなさんは、この両者のアプローチをどう評価するだろうか。どちらに共感するだろうか。そもそも、これらのアプローチの実効性をどう捉えるだろうか。引き続き、統治者の視点で考えていただきたい。

システム世界の全域化にどう対応すべきか

野田　改めて社会の統治を考えたとき、僕らがこれまで見てきたシステム世界の全域化、共同体の空洞化は、国民国家を構成する主体的な個人の再生産をきわめて難しくしています。システム世界の拡張と生活世界への侵蝕は、個人の感情を著しく劣化させ、ときに感情の壊れた個人までをも生み出してしまう。個人の主体性が失われると、統治コストが上昇し、社会の統治は困難になっていきます。そうした状況にわれわれはどう対峙すべきなのか、対峙しうるのかを考えていくうえで、まずは欧米におけるシステム世界との向き合い方についての理解から出発しましょう。

宮台　システム世界との向き合い方は、実はヨーロッパとアメリカでは大きく異なります。ヨーロッパとアメリカでは、歴史や社会インフラに違いがあるためです。

ヨーロッパの社会には共通の文化基盤があると信じられており、人間関係は互いを知っているという「信頼ベース」で成り立っています。また、もともと地縁共同体が強く、人々の行動には地域が責任を持つという考え方もあります。ニーチェが見抜いたように19世紀末には「神は死んだ」わけですが、人々の間には「隣近所や世間に見られている」という感覚があります。

図表6-1｜アメリカ的アプローチとヨーロッパ的アプローチ

	アメリカ	ヨーロッパ
地域環境	多人種構成	共通の文化基盤
人間関係	お互いを知らない 不信ベース	お互いを知っている 信頼ベース
人間集団	組織集団	地縁的共同体
誰に見られている？	神は存在する 神に見られている	神は死んだ 隣近所に見られている
歴史的伝統	核家族ユニットの伝統	自治都市の伝統

アメリカ的アプローチ	ヨーロッパ的アプローチ
〈システム世界の全域化〉を徹底	〈システム世界の全域化〉を制約
「人間であること」に期待を寄せず、動物でも回る仕組みを構想	「人間であること」に多くの期待を寄せて社会の仕組みを構想
アーキテクチャによる管理化	規律訓練による成員としての主体化
マクドナルド化	スローフード運動で対抗

そのため、ヨーロッパでは伝統的に生活世界を重視し、汎システム化つまりシステム世界の全域化を制約しようとしてきました。このアプローチは、社会の成員が「人間であること」に期待を寄せて社会の仕組みを構想しようというもので、人間が社会の主人であり続けようとするアプローチです。主体としての人間のあり方に負荷をかける戦略だとも言えます。

ただし、このアプローチを実現するには、規律訓練によって個人の主体性を涵養《かんよう》し、各成員が損得勘定を超えた内発的な善意に基づいて振る舞えるように、成員を養成する必要があります。実際、ヨーロッパでは、多くの知識人がそんなふうに強調し続けてきました。前出のユルゲン・ハーバーマスも、その典型です。

野田　宮台さんが先に述べられたように、ヨーロッパでは、こうしたアプローチの一環として、システム世界の象徴であるファストフードにスローフードで対抗するといった運動も見られました。日本ではスローフードは、「有機食品を食べよう」とか「ロハス的な暮らしを送ろう」といったライフスタイルの文脈で語られがちですが、本来はシステムの全域化に抗おうとする根源的な運動ですよね。

宮台　スローフード運動は、1986年、イタリアのローマにマクドナルドの第1号店がオープンした際、市民の間で「僕らはパニーニを食べるんだ」という声が上がり、反対運動がわき起こったのをきっかけに発展しました。99年8月には、ジョゼ・ボヴェという有名なフランスの農民活動家（現欧州議会議員）がマクドナルド店舗解体キャンペーンを始め、その様子は世界中に伝えられました。人間が社会の、あるいはシステムの奴隷になってしまうのを避けようとする戦略的な運動は、90年代をピークに一定の広がりを見せたのです。

しかし、その後の運動には陰りが見え始めます。それは、とりわけ90年代半ば以降のグローバル化の急進展で、地元商店が大規模資本の直営店やフランチャイズに置き換えられて、ファストフードが雇用を生み出す重要なシステムとして見直されるようになったためです。2018年には、フランス・マルセイユ郊外のサンバルテルミー地区で、地域経済の落ち込みによってマクドナルドの閉店が決まると、住民たちが「閉店反対運動」を起こしました。

これは、残念であると同時に、非常に重大な展開です。共同体が共同体であり続けるための条件はいろいろありますが、そこには経済的環境も含まれます。具体的には、グローバル化の影響による格差拡大で貧困化が進んだコミュニティでは、人々は生きていくためにあえてシステム世界を選択せざるをえず、それによってコミュニティはますます壊れて、ますますシステム世界に依存していきます。ヨーロッパ的アプローチの限界はそこに表れています。

マクドナルド化をディズニーランド化で埋め合わせる

宮台　これに対し、アメリカではシステム世界を重視し、システム世界の全域化をむしろ徹底しようとしています。

移民国家アメリカの社会は多人種・多民族で構成されており、人間関係は互いを知らないという「不信ベース」で成り立っています。人間集団の基本は、同じ価値や目的を持つ人たちが集まるアソシエーション（組織集団）で、行動に責任を負うのはあくまでも個人です。また、キリスト教原理主義の国なので、人々は神に見られていると感じており、汎システム化によって人間が経験する精神的不安定にも比較的耐性が強い土壌が備わっています。

システム世界の全域化を徹底するアメリカ的アプローチは、こうした歴史や文化を反映したものです。一口で言えば、成員が「動物」でも回る社会の仕組みを構想しようというものです。ここで「動物」というのは、不快を避け、快に向かう性質を持つという意味です。つまり、人々の内発的な善意――良心――を用いる代わりに、アメとムチだけでなく、快・不快の巧妙なコントロールを行うアーキテクチャ（仕組み）による管理化を進めるという戦略です。

飲食店を例に取ると、大資本の直営店やフランチャイズ店では、ＢＧＭの音量、照明の明るさ、座席の硬さ、家具や調度のアメニティを使って、客の滞留時間をコントロールし、単位面積当たりの収益率を上げようとします。客は、そうした戦略に気づかず、「疲れたな」とか「飽きたな」と感じて、主観的には自発的な選択として店を出ますが、そうした自発的な選択がアーキテクチャによってコントロールされています。ローレンス・レッシグは『ＣＯＤＥ――インターネットの合法・違法・プライバシー』（山形浩生・柏木亮二訳、翔泳社、２００１年）という著書で、これを「アーキテクチュラル・パワー」と呼びます。

「人間が快・不快を感じる動物でありさえすればよい」とするこうしたアプローチは、収益率上昇にとっては有効ですが、副作用をともないます。こうしたアーキテクチュラル・パワーを用いたシステムは、客の常識的な価値観を一切当てにしないので、システム世界の全域化が進んでいけば、社会はその分、さらに「不信ベース」になりがちなのです。

そうした流れを象徴するのが、モンスター・クレーマーによるカスタマー・ハラスメント（顧客・取引先からの嫌がらせ・過度なクレーム）です。不信や不安が原因で、損得勘定に過剰に敏感になって、些細な不利益でヒステリーを起こす人が増えるのは、システム世界の全域化にともなう当然の副作用です。

そうした副作用にどう対処するのか。アメリカ的アプローチでは、システム世界の全域化による副作用には、システム世界の全域化の徹底によって対処します。アメリカのマクドナルドでは、商品を受け取るまでの時間が長いことを理由に店員を殴ったクレーマー事件が発生すると、すぐさま警察に突き出して解決します。警察＝行政というシステムで解決するのです。さらに、Airbnbなどでは、プロバイダーのみならず、消費者・ユーザーの振る舞いも評判スコアにカウントされますが、そうしたシステムを使うわけです。

ここから少し話を進めます。マックス・ウェーバー研究で知られる社会学者ジョージ・リッツァは『マクドナルド化する社会』（正岡寛司監訳、早稲田大学出版部、１９９９年）という本を書いています。元になっているのは１９８０年代に書かれた論文ですが、そこで彼は「マクドナルド化（McDonaldization）」と「ディズニーランド化（Disneylandization）」という言葉を使います。

リッツァの言う「マクドナルド化する社会」とは、人間が「動物」でありさえすれば回るような脱人間化・没人格化・損得化が進んだ社会です。そういう社会では、人々は「かけがえのない人間として扱われたい」という感情を無視されることで疎外感や不安感を抱くようになり、カウンセリングを受けなければ押しつぶされてしまうような心理状態に置かれます。

それに対処するために使われるのが「ディズニーランド化」、すなわち祝祭的消費による感情的回復です。アメリカでは、マクドナルド化によって人々が抱くようになった疎外感や不安感を、ディズニーランド化によって与えられる祝祭体験で埋め合わせることで、人々が感情的に破綻してシステム世界からこぼれ落ちることがないようにしているのだ、というのがリッツァの図式です。

そこには「システムがつくり出した裂け目を、システムで埋める」というシステムのマッチポンプがあり、人間はマッチポンプの素材へと貶《おとし》められています。そこには、人間を動物のような制御対象と見なすシステムの自己運動があるだけで、社会の主人としての人間という存在はほとんど完全に消え去っています。われわれの尊厳は、果たしてそれで保たれるのか。保たれないからこそ、トランプ現象や、Qアノン現象のような陰謀説のまん延があるのではないでしょうか。みなさんにじっくり考えていただきたい点です。

祝祭体験としてのドラッグ

宮台　このディズニーランド化は、今日ではより複雑な形で進行しています。その一つがドラッグの使用です。ディズニーランド的な祝祭体験やハピネス体験を、マリファナのような比較的無害な薬物によって与えようという考え方です。ご存じのようにアメリカではマリファナの合法化が進んでいますが、トランプ前大統領や彼を支持する「新反動主義者」と呼ばれるインテリがマリファナの合法化を推進しようとしてきました。

以前からアメリカでは、都市部を中心にマリファナの使用が通常化しています。嗜好用マリファナのマーケットはどんどん広がって、もはや合法か違法かという議論にあまり意味がなくなっています。合法化されていない州でマリファナを所持していて捕まった場合でも、泥酔して捕まった場合に比べれば、罪ははるかに軽いという状態になっています。

そうした状況を象徴的に表しているテレビ番組もあります。Netflix が配信した『クッキング・ハイ（Cooking on High）』という番組で、みなさんの中にも見たことがある人がいらっしゃるかもしれない。2人のシェフがマリファナを食材に使った料理で対決し、マリファナを吸って完全にラリった状態になっているギャラリーが勝者を判定するという内容です。

この『クッキング・ハイ』では毎回、放送の最後に「番組内で使われているカンビナスは、すべてそれぞれの地域で合法的に医療用に処方されたものです」という内容の字幕が出てきます。変だと思いませんか。だって、メディカルユースというのは処方箋を持っている個人用のものであるはずなのに、それをスタジオに持ってきて料理に使っているのだから。

実は変ではないのです。アメリカでマリファナが事実上自由に入手できるのは、医療用マリファナが横流しされ、愛好家たちがシェアするからです。ただ、そうすると、値段がどうしても高くなるので、「早く合法化してくださいね」というのが、字幕の裏メッセージなのです。それはともかく、番組に出演するマリファナでラリった人々のしあわせそうな佇《たたず》まいを見ると、ドラッグによるディズニーランド化が現実のものになっているのがわかります。

野田　一つつけ加えておくと、アメリカでは、オピオイドという人工アヘンの濫用が大きな社会問題になっています。日本ではあまり報道されませんが、2020年には6万9710人が中毒死しており、これは薬物過剰摂取による死者数の74・7％に当たります。使用者の中心はラストベルトなどの没落白人です。マリファナと同じく、祝祭消費なのでしょうが、その一方で大変な弊害も生じているわけです。

メタバースが示唆する未来

宮台　システムが生み出す苦痛をシステムが提供する快楽で埋め合わせる例は、ドラッグだけではありません。最近はＶＲ（仮想現実）やＡＲ（拡張現実）もそうした役割を担い始めています。

といっても、映画やゲームの中でＶＲが使われているという話ではありません。今、世界的に流行しているのは「ＶＲチャット」です。これは、ネットワーク上で多人数がコミュニケーションできるソーシャルＶＲプラットフォーム（メタバース）です。ユーザーはアバターを着て３Ｄの仮想空間に参加し、自分の好きなワールドを作成して友人を呼んだり、一緒にゲームを楽しんだりできます。アバターは、アプリを使って既製のものを入手できますし、自分でもつくれます。

日本ではそれがさらに進化した形で流行り始めていて、ＶＲ空間にオタクたちの天国ができ上がっています。美少女のアバターを着た40代、50代の中年男性たちがＶＲゴーグルをつけてＶＲチャットに参加するというもので、巷では「バ美肉ブーム」を呼ばれています。「バ美肉」という言葉は、「バーチャル美少女受肉オヤジ」の略である「バ美肉オヤジ」から来ています。

基本の発想は、修学旅行で消灯後に友人たちととりとめない雑談を交わしたり、みんなで一緒に寝た時間を取り戻そうというものです。特に後者を「VR睡眠」と言います。ゴーグルをつけた参加者は、ボイスチェンジャーで変換した女の子の声で語り合い、リアル空間で本人が眠るとVR空間でも美少女が眠ります。ゴーグルをつけたまま朝に目覚めると、現実と虚構の区別がつかない独特な感覚に包まれるそうです。

こうしたVRによって——正確に言えばARを含みますが——「みんなそろって睡眠する」といった身体的な営みでさえ体験できるのです。ここで大切なことをつけ加えると、ディズニーランドは「非日常」ですけれども、とりわけ「バ美肉」におけるVRは「日常」そのものだと言っても過言ではありません。いわば「オルタナティブな日常」だと言えます。

野田　大変興味深い話ですね。Facebookによるメタバース（metaverse）事業への注力と「Meta（メタ）」への社名変更を見ていると、「バ美肉」の話は、一部のオタクだけの世界と思えないですね。メタバース——meta（超越した）とuniverse（世界）の合成語——は、SF作家であるニール・スティーヴンスンが1992年の著作『スノウ・クラッシュ』（日暮雅通訳、現在はハヤカワ文庫SF）で登場させたインターネット上の仮想世界ですが、僕らは今後、仕事でもプライベートでも、VRゴーグルをつけ、アバターを使って仮想空間でやり取りをし、人と接し、共通体験をしていくのでしょうか。

宮台　思ったより早く現実化してしまい、僕も驚いています。巷では絶賛の声ばかりですが、僕は大変懸念しています。現実と虚構の区別がますますつかなくなっているという批判が通常でしょうが、僕の懸念は違います。それは人々の優先順位が変わるということです。自身の実在はメタバースにあり、リアルは摂食と排泄のためだけになっていく。リアルとバーチャルの「内外」が「反転」してしまうと、人々はメタバースに「没入」するほどしあわせになるのだから、現実などどうでもよくなるでしょう。そうすると、人々はもはや仮の場にすぎないリアルでの公正や正義を求めなくなります。政治のイデオロギーはもちろんのこと、人間にとっての倫理はなぜ必要なのかを問うことさえ、意味があるのか疑問視されることになるでしょう。これからどうなっていくのか、現時点では明確にはわかりません。

ディスカッション

苦痛からの解放は幸福なのか

野田　これからディスカッションに移りますが、宮台さんが示唆されている未来を考えるうえで、きわめて興味深い映画があるのです。あまり一般には知られていないのですが、『コングレス未来学会議』（アリ・フォルマン監督、２０１３年）という作品です。

この映画には、『フォレスト・ガンプ』（ロバート・ゼメキス監督、１９９４年）で主人公の恋人役ジェニーを演じた女優のロビン・ライトが本人役で主演しています。２０１４年のハリウッドでは、絶頂期の俳優の容姿をスキャンしたデータを使ってＣＧ作品をつくっているというのが物語上の設定で、女優としての旬を過ぎて仕事が減ってきたロビンは、巨額の報酬と引き換えに自身の容姿のデジタルデータを映画会社ミラマウントに売り渡します。

そこから映像は実写からアニメーションに変わり、ストーリーは20年後、さらにその20年後へと展開していきます。そうしてロビンがたどり着いた未来世界では、ミラマウント社の系列会社ミラマウント・ナガサキが開発した化学薬品を摂取することによって仮想空間において自分が望む年齢や容姿を手に入れることが可能となっていて、人々がエゴから解放され、競争も暴力もなく、弱者もいない、誰もが幸福に暮らせる社会が実現しています。しかし、そこはあくまでも幻想の世界にすぎなくて、貧困層は貧しい暮らしを送りながら、薬物が与えてくれる幸福に依存しているだけなんですね。

ここに描かれている未来社会の様子は、宮台さんのレクチャーに出てきたディズニーランド化、ドラッグやＶＲで人々の不満を埋め合わせる社会と重なり合っています。正直、僕はこの映画を最初に見たときは、「一体これって何？」といった感じで、クエスチョンマークが思い切り頭の中を駆け巡ったのですが、最近の科学技術の進展を見ると、映画が予言していた未来に、現実がどんどん近づいていく感覚を持ってしまうのです。

ドラッグやＶＲによるハピネスは、いずれも広い意味での「脳内環境の制御」によってもたらされるものです。ドラッグの供給やＶＲの普及を支えているのはテクノロジーですから、「テクノロジーによってもたらされるハピネス」と言ってもいい。それでちゃんとしあわせになっている人たちがいるなら、それで十分じゃないかという考え方も出てきています。みなさん、どう思われますか。

ワン　私は、自分が統治者の立場なら、仮想空間の中であっても人々が欲望を実現できているような社会の方が統治しやすいかなという気がしています。

野田　確かにそういう社会では秋葉原事件やスクールシューティングのような事件は起こらなくなるでしょうね。ネトウヨも高齢者クレーマーもいなくなる。

タケモト　私も、その映画で描かれている未来社会がダメだという理由を見つけることができません。映画では、空想の世界で、いろんな自分になれるんですよね。男性でも女性でも、老人でも若者でも。社会にはいろいろなマイノリティの方々が存在しますが、現実の社会はまったくインクルーシブではないので、この世界で生きづらさを感じている方であれば、自分が生きやすい世界を選択できる方がいいとも思います。

野田　逆に統治の観点から反対意見のある人はいますか。

ナツカワ　その世界の前提は、ミラマウント社の幹部たちも含め、世界をつくり上げることで巨大な富を得た一部の富裕層や支配層は、従来と同様の生活を送っているのですよね。社会に対する不満を抱えている貧困層には仮想空間を見せておき、他方で富裕層だけは生身の自分のまま現実社会の中で安心して生きていくというのは、かなり分断された社会だと思います。秩序が保たれているとしても、社会のあり方として疑問です。

アイダ　非日常を求めるというのは誰にでもある欲望ですが、それは現実の世界が苦しいからではないでしょうか。だとしたら、人々が現実の世界で幸福を感じながら生きていけるようにしていくことがリーダーの役割なんじゃないかなと思うのですが。

質疑応答

「快・不快」を制御する統治を批判できるか

宮台　社会の秩序を整えるための統治には、「教育を充実させて人々を倫理的な主体に育てる方法」と「法制度とテクノロジーを強化して監視と賞罰を徹底する方法」と「アーキテクチャを使って快・不快を通じて人々を制御する方法」がありますが、これらはいずれもかなりのコストを要します。

これに対し、ディズニーランド化を利用した統治、とりわけドラッグやゲーミフィケーション

（ＶＲ・ＡＲ）を用いて人々の脳内を制御して不満や不安を解消させる統治が実現すれば、コストが劇的に低下する可能性があります。このアプローチも、広義には快・不快の感覚を利用しているのでアーキテクチュラルだと言えますが、動物的な感覚よりも人間的な感覚を使っています。

そんな統治を「窮屈だ」とか「つまらない」と感じる人は、僕の肌感覚では少数派になっているように思います。圧倒的な多数派は、すでに、雑多な現実は「生きづらい」から「見たいものだけ見て生きたい」「見たくないものは見ずにしあわせに暮らしたい」と感じているのです。

だとしたら、人々の倫理に期待するのはあきらめて、快・不快の動物的感覚や人間的感覚を脳内環境のコントロールを通じて利用して社会秩序を整えるやり方を、みなさんは批判できるでしょうか。これが僕からの問いかけです。

カワカミ　人々がドラッグやＶＲに依存している状態は構造的貧困に似ていると思うんですけど、そのあたりはいかがですか。

宮台　構造的貧困では人々の苦しみが放置されています。ところが、後ほどお話しするように、ドラッグやＶＲを使う統治では、ベーシックインカムの導入も想定されています。ならば人々は食うに困らない。豪勢なごちそうは食べられなくても、栄養ピルを飲み、ＡＲを使えば、あたかもごちそうを食べているかのような体験だってできる。現実にそういう実験が行われており、すでに実装可能だとわかっています。構造的貧困との違いはそこです。

フクシマ　人々がドラッグやVRに依存した状態だと、たとえば自然災害や感染症のパンデミックが起きたときに人々が自発的に協力し合えないような、レジリエンスが失われた社会になってしまわないのでしょうか。

宮台　逆かもしれません。僕たちの民主政社会では、実際に僕たちが体験したことですが、パンデミックが起きて社会的対処が要求されているときにも、「コロナウイルスなど存在しない」と主張するようなトンチンカンな連中が次から次へと湧いて出ます。そうした主張のほとんどは、事実判断や価値判断に基づくものというより、分断ゆえの孤独による神経症的不安に基づきます。

ならば、そうした人間をあらかじめドラッグ漬け、VR漬けにしておいて、社会秩序を真剣に考えられる卓越者だけが、疫学的な予測を十分に行い、有効な感染症対策を講じればいいじゃないかという考え方も成り立ちます。「頓馬はものを考えたり言ったりしなくていいから、マリファナを吸うか、VRに閉じこもるかどっちかにしろ」ということですね。

ロックダウンになっても、バ美肉的なメタバースがあれば、ずっとそこに浸っていたいと思う人がかなり存在するのは間違いありません。とすれば、賢明な者たちだけがコロナ対策について合理的な議論をするようになるので、すでに社会がかなり壊れている場合には、むしろレジリエンスを高める可能性があります。少し気持ち悪いですがね。

ウツミ　自分は、製薬会社に勤めています。だから『マトリックス』や『コングレス未来学会議』

の中に薬剤が出てくることに関して、個人的に違和感を抱きました。なぜかというと、そもそも薬というのは、体調をマイナスの状態から正常な状態に戻すために服用するものであって、違う世界を見るとか、よりよい世界にトリップするといった目的のために使われるものではないんですね。なのに、近未来を描く映画の中ではよくそういう使われ方をしている。そこの理解が自分の中でうまくできていません。

宮台　映画に出てくるああいう薬剤の効果を、テクノロジーの世界ではエンハンスメント（強化）と呼びます。あれは修復治療の薬ではなく、エンハンスメントの薬です。ただし、エンハンスメントについては、僕たちの中に、「ここまではいいけど、その先には違和感がある」という閾値があります。その閾値は、人によってかなり異なるだろうと考えられます。

たとえば、眼鏡は視力を強化するデバイスだけど、ふつうの人は悪い物だとは思わないでしょう。だけど、望遠鏡のような目を持てるとか顕微鏡のような目を持てるといったエンハンスメント・テクノロジーが発明されたら、ふつうの人は拒絶するのではないでしょうか。しかし、社会に病気があふれると困るように、社会が不道徳な人だらけになって困るのであれば、人々の倫理的態度をエンハンスメントする薬を使ってどこが悪いのだという議論も、当然出てきます。それに違和感だけで抵抗するのは難しい。違和感の基準は人それぞれだからです。

眼鏡やコンタクトレンズのテクノロジーを「認知的エンハンスメント」といい、人々の感情や価値観に作用するテクノロジーを「感情的エンハンスメント」「道徳的エンハンスメント」といいます。道徳的エンハンスメントは、アメリカではすでに倫理学者の間で議論の的となっています。人々が仲間として気にかけられる範囲はゲノム的に150人が上限で、これを「ダンバー数」といいますが（Robin I.M. Dunbar and Richard Sosis, "Optimising human community sizes", Evolution and Human Behavior, 39 106-111、（2018年）を参照）、「ならば、出生前のゲノム操作でこの上限値を上げてしまえば、よい社会になるだろう」という議論をどう扱えばよいのかといった類の話です。それが現実に議論されている事実を申し添えます。

オオヤマ　人々を快・不快でコントロールする統治のあり方についてですが、人々を快楽だけに向かって行動させ続けるのは難しいんじゃないかと思います。なぜなら人は常に心のどこかに罪悪感を抱えています。罪悪感があるからこそ、快楽も感じられるし、罪悪感がある限り快楽はそう長くは続かないんじゃないかというふうに思うのですが、どうでしょうか。

宮台　これもいい質問です。快・不快という軸とは別に、正しい・正しくないという軸があって、この二つの軸は直交します。つまり、互いに独立した変数です。まず、ハッピーだけど正しくないような状態に、人はどれだけ耐えられるのかが問題になります。「罪悪感がある限り、快楽はそう長くは続かないんじゃないか」という事実問題については、今のところ結論が出ていません。

質問にはもう一つの要素があります。「罪悪感があるからこそ、快楽も感じられるんじゃないか」

です。これは、しあわせとは何かという問題です。しあわせは単に脳内環境の問題なのかということです。フリードリッヒ・ヘーゲルの『精神現象学』(1807年)の考えでは、あんな悲しみがあった、こんな苦しみがあったという記憶があるからこそ、今ある状態がしあわせだと感じられます。これは、事実問題というより価値観の問題なので、回答はさらに難しい。

でも、古典的な問題であることは意識しておきましょう。たとえば「性愛」というとき、「性」に重きを置く立場と、「愛」に重きを置く立場があります。「性」に重きを置く場合のしあわせは、記憶とは比較的無関係な脳内環境の問題に近づきます。「愛」に重きを置く場合のしあわせは、悲しみや苦しみの記憶の積み重ねが不可欠になって、単なる脳内環境の問題では片づきません。どちらに重きを置くかは価値観の問題で、合意はすごく難しいです。

タカヤマ　「快」を求めて「不快」を避けようとする動物的性質と、人間本来の内発性についてお聞きしたいんですけど、内発性も、ある意味で「快」を求める行動じゃないかと思うのですが。

宮台　「利他性も、利他を利得としてカウントする利己じゃないか」ということですね。これも古典的な問題ですが、答えはすでに決まっていて「その通り」で終了です。ただし問いの構造をよく理解してください。「利己と利他を区別しよう」を「利己的利得と利他的利得を区別しよう」と置き換えたところで、情報は何一つ加わっていないということです。そのことを踏まえたうえで、僕は利己と利他を区別して、利他性の劣化を問題にしています。

タカヤマ　だとすれば、人々の内発性を誘発するようなゲーミフィケーションの使い方もあるんじゃないかと思うんですが。

宮台　その通りです。哲学者ルードヴィヒ・ウィトゲンシュタインに従えば、所詮は社会も、言語という営みによって構築されたゲームです。その言語ゲームの中に、いろいろな絵柄のものがあり、VRやARを使う言語ゲームもそれらの中に含まれるという話になります。したがって、「人々の利他的な内発性を誘発するようなゲーミフィケーション」も間違いなくあります。先の『コングレス未来学会議』という映画は、そうした前提に基づいています。

野田　宮台さん、でも、そのゲームを設計しているのが誰なのかを知ったときに、僕らはその現実に耐えられるだろうかという問題もありますよね。内発性を生み出すゲームをつくっているのが、どこそこのIT企業のクズ野郎だったのかとわかってしまった瞬間に、僕らはそのゲームに耐えられなくなるという問題です。

宮台　深すぎるご指摘です。宗教にかかわる話なので踏み込まないつもりでしたが、質問されたので答えます。世界を誰がつくったかという問いに答える話を「創世譚」といいます。世界中の創世譚は例外なく「世界は、世界の外にいる存在によってつくられた」という内容です。それに対し、この社会（部族や国）を誰がつくったかという問いに答える話は、例外なく「英雄譚」です。「外来の暴れん坊がいなくなってみると、秩序ができていた」という内容です。日本では「スサノヲ伝説」が有名です。

つまり、社会（部族や国）は人がつくれても、世界（あらゆる全体）は人がつくれないという問題です。なぜか。野田さんがおっしゃったように、われわれは「人間がこの世界をつくった」という話には耐えられないからです。これは「世界はどうとでもありえた」という認識に関係します。「世界の外にいる『絶対的な存在』の意思次第で世界はどうとでもありえた」という認識には耐えられても、「世界の中にいる『相対的な存在』の意思次第で世界——たとえばゲーム世界——がどうとでもありえた」という認識には耐えられない可能性があります。

新反動主義者たちの人工島

野田　ずいぶん議論が盛り上がりましたが、話を進めましょう。人々がドラッグやＶＲ・ＡＲを用いたゲーミフィケーションによって快楽を得ているような社会や、信用スコアや評判スコアを自ら好んで使いながら相互に監視し合う社会は、共同体にも個人にも頼らずに統治できます。そのような社会では、主体はもはや個人でも国家でもなく、テクノロジーのシステムであり、テックの神格化が進んでいきます。

ところが、それを「理想郷」というふうに考える人たちも出てきています。先ほど宮台さんがちらりとふれた「新反動主義者」や「加速主義者」と呼ばれる人たちです。彼らの発想を吟味したいと思います。

宮台　新反動主義者の大元は、起業家・投資家のピーター・ティールという人物です。この人は学生時代から社会的、政治的な運動をしていて、その方向性は、左翼的なもの・平等主義的なものにとことん敵対するというものでした。PayPal の共同創業者として財を成し、創業期の Facebook を支援したことでも有名です。

よく知られている彼のセリフは「私は自由と民主主義が両立するとは思わない（I no longer believe that freedom and democracy are compatible.）」というものです。この場合の「民主主義」は、みんながしあわせになるために再配分をしようという意味合いなので、「平等」と言い換えてもよいでしょう。「自由と平等は両立しない」。それが彼の基本的な考え方です。

このピーター・ティールの思想に影響を受けたのが、フランス思想とりわけジル・ドゥルーズを研究していた哲学者のニック・ランドです。その主張は、民主主義はもはや以前のようには回らないのだから、そのことを前提として社会を構想しようというもので、民主政を前提とした「制度を使った社会変革」ではなく、民主政を前提としない「テックを使った社会変革」へのシフトを呼びかけます。このシフトを後押しするには民主政の暴走が加速するのが一番だと考えるので、彼の立場を「加速主義（accelerationism）」とも呼びます。

グローバル化とテクノロジー化によって人々の感情が劣化するのは避けられないし、AIやロボットの利用で貧富の差が今後さらに拡大するのも避けられない。だったら、いっそ、ゲームとドラッグのテクノロジーで人々にしあわせを与えつつ、ベーシックインカムで所得を保障すればいいのだと。こうした発想は、『マトリックス』や『コングレス未来学会議』に示されていたビジョンとも符合しています。

では、こうしたテクノロジーのプラットフォームを、誰がデザインするのか。それは、頭がよく、感情が豊かで、堕落した民主主義に埋没してこなかった卓越者たちだとランドは説きます。そして、そういう卓越者たちの高い所得を用いて、人工島群からなる国家を建設し、「古きよきアメリカ」を再現しようというのが、ランドに影響を与えたティールの主張です。

社会変革のやり方について国家全体で合意する必要はなく、意見や価値観の違う人たちはそれぞれ別の人工島に住めばいい。たとえば、自分たちの人工島に集まってくるのは、「古きよきアメリカ」にメンバーとしてコミットする価値観を持つ人たちだけである。そうした価値観と、卓越者としての能力と資金を持つのであれば、白人でも黒人でも日本人でも差別しない。そういう考え方をするのですね。

このようなテクノロジーのプラットフォームをベースとした社会のあり方を、ティール自身が影響を受けたと述べている『The Sovereign Individual』（J・D・デビッドソン、ウィリアム・リース＝モッグ／未邦訳、1997年）という本では、「ゆるい連携を保った企業都市国家」と表現しています。

そこでは、プラットフォームをデザインする人たちは、「独立個人」と呼ばれる神のような卓越者となり、一般市民と同じ物理環境に身を置きつつも、異なる政治的次元に存在するのだといいます。西洋文明は今世紀中に終わりを迎え、民主主義が死に絶えた後は、そういった知的エリートが権力を握って資源とテクノロジーを支配し、自らの有利に働くように国のあり方を変えていく。これは、現在においてもすでに実現しつつあることです。中国の政治システムを、民主主義と対比して「権威主義」と呼びますが、今お話ししたような政治のあり方を「新しい権威主義」と僕は呼んでいます。

野田　事実、テクノロジーを使った理想郷の実現に向けた社会実験はすでに始まっていますよね。2008年、以前はGoogleのエンジニアだったパトリ・フリードマンという人物がアメリカ・サンフランシスコに「洋上入植研究所（The Seasteading Institute）」を共同設立しました。ピーター・ティールもこのプロジェクトに出資しており、2017年1月にフランス領ポリネシア政府は同研究所が領海内で実験を開始することを許可しました。実験は、小さな都市国家の形態による洋上入植から始まっており、2050年までに数千万人規模の都市国家連合をつくることを目指しています。

宮台　このパトリ・フリードマンは、新自由主義を代表する経済学者として有名なミルトン・フリリードマンの孫です。パトリはジョー・カークとの共著で『Seasteading』（未邦訳）を出しており、その副題には「海上国家はいかにして環境を回復し、貧しい人々を豊かにし、病気の人を治し、政治家の手から人間性を解放しようとしているのか」とあります。

むろん「貧しい人々を豊かにし、病気の人を治し、人間性を解放する」というスローガンは、口当たりのいい粉飾です。卓越者とダメな人が混じり合わないようにし、民主主義なんて脇に置いておいて、テクノロジーやアーキテクチャを卓越者がデザインし、ダメな人をそこそこしあわせにすることを含めて、社会をよくしていけばいい。そう考えているだけです。

野田　でも、世の中の多くの人々は、今もなお民主主義に希望や可能性を見いだしがちですよね。

宮台　そうです。だからこそ新反動主義者たちは、民主主義の立て直しなどという「制度による社会変革」をできるだけ早く頓挫させ、「テクノロジーによる社会変革」に一気に移行しようと考えるのです。彼らは、人々が民主政に絶望するような出来事を期待しており、それで社会が混乱すれば、不安を感じた人々がテクノロジーへの依存を強め、自分たちが理想とする未来がより早く実現すると信じています。

たとえばトランプが登場したおかげで、人々の民主主義への疑念は高まりましたが、そういうことがどんどん起こった方がいい、そうすれば、人々は「テクノロジーによる社会変革」の方が断然有効だと納得するはずだ、そういうふうに加速主義者たちは考えるわけですね。違和感を抱く向きも多いかもしれませんが、かなり筋が通った考え方です。

ディスカッション

彼らの発想は特殊なのか

野田 みなさん、新反動主義者や加速主義者の考え方をどう思われますか。

ワン 僕は、人工島に出ていきたい人は出ていくし、今の社会に残りたい人は残るんだから、お互いに良好な関係が保たれるんじゃないかと思うんです。その結果、社会は分断されるかもしれませんし、残った人は経済的な豊かさは得られないかもしれないけど、競争や格差がない社会で平和に生きていられるのかもしれません。

カジカワ 私は意見が異なります。やはり新反動主義や加速主義は、一部の人間だけが自由と利益を追求しようとする考え方だし、独立個人が支配階級になっていくと、昔の封建制に戻ってしまうのではと懸念します。

宮台 新反動主義者は自分たちの思想を「新封建主義」とも呼んでいます。なので、コメントとしては妥当です。彼らが海上都市国家をつくって移住しようとしている理由は、たとえ社会の格差が拡大していったとしても、豊かな人たちと貧しい人たちが分かれて暮らしていれば、貧しい人たちからは豊かな人たちの暮らしが見えないからです。

人は、見たくない現実を突きつけられるから、うらやんだり嫉妬したりするのであって、空間的に完全に分離してしまえば現実は見えないだろうと。これは、VRなどのゲーミフィケーションと同じ考え方ですね。バーチャルな世界にゾーニングされて生きている人たちは、リアルな世界をうらやむこともないだろうということです。これも筋が通っています。

野田　みなさんも興味があったら、ぜひ見ていただきたいんですが、『エリジウム』（ニール・ブロムカンプ監督、２０１３年）という映画があります。舞台は22世紀の未来社会で、富裕層はスペースコロニーで水と緑にあふれた暮らしを享受する一方、一般市民はスラム化した地球でアンドロイドの厳しい監視のもと過酷な労働を強いられている、という対立の構図が物語のベースになっています。

しかし、新反動主義者が理想とする未来にこうした構図は当てはまりません。なぜなら、彼らは一般市民にベーシックインカムとゲームとドラッグを与えようとしている。そうすれば、みんなハッピーになるじゃないかというのが彼らの考え方なのでしょう。

宮台　もし『エリジウム』に描かれているような地獄みたいな監視社会を、一般市民に押しつければ、社会に不満がまん延することになります。そうすると、当然ながら、統治コストは上がります。下界の市民たちが、いつなんどきスペースコロニーに侵入し、テロを仕掛けてくるかわからないからです。これは、合理的な統治だとは言えません。

だとしたら、テクノロジーのプラットフォームを通じて、市民たちをしあわせにしてあげればいい。人々の脳内で快楽物質が増えるようにしてあげればいい。そうすれば、彼らが社会を呪うことはなくなるから、統治コストは一挙に下がる。それが新反動主義者たちのビジョンで、『エリジウム』に出てくる富裕層よりも発想が高度化していると考えられますね。

アイダ　私は、新反動主義者の方々自身も感情が劣化していると思います。だから、社会を分断して自分たちだけの都市国家をつくろうとしているんじゃないかと思うのです。人々が感情の豊かな層と劣化している層に分断されているのではなくて、全体の感情がすでに劣化しているから、ああいう発想をする人たちが出てきてしまうんじゃないかと。

宮台　興味深いコメントです。新反動主義者たちの、人々を見下す感じ、優越している自分たちは劣った人々をコントロールする側にあるのだという発想自体が、彼らの感情的劣化を表している可能性があります。僕自身もそう思っています。個人的見解ですが、成功した起業家には孤独な人が多い。彼らは社会の中でそれなりに疎外感を味わっていて、それゆえ、ふつうの人たちと同じように、もっと生きやすい世界はないのかと期待しているのでしょう。

ツルタ　新反動主義者の人たちは選民思想を持っているんでしょうが、単に税負担を逃れるために都市国家をつくっているようにも感じられます。外側の人々に気づかれないように世界を支配しようとしている姿勢には疑問を感じざるをえないです。

宮台　その感覚は十分理解できます。でも、僕は新反動主義者をあまりなめてかからない方がいいと思います。彼らの発想には非常に共感されやすい面もあるからです。これまで見てきたように、世の中には、ネトウヨやオルトライトのように見るも無残に感情が劣化した人たちが多数います。今の民主政には、それを当て込んだポピュリズムもはびこっています。民主政をゆがめるこの人たちを、矯正できるかを考えると、きわめて期待薄でしょう。

ネットの進展で、人々の感情的劣化はこれからもどんどん進みます。そういう感情的劣化を被《こうむ》った人たちと民主政という制度を共有しながら前に進むなんて、まっぴらだと考える人たちが増えるのは、自然です。みなさんの中にも、感情が劣化した人たちと一緒に社会を運営するのは無理だと思っている人が多数おられるはずです。とすると、新反動主義者たちと出発点が同じなのですね。自分が社会の現状をどう感じているのかを確認したうえで、「だったら自分たちは新反動主義とは違うどんなアプローチを選択するのか」を考えてほしいのです。

第6章のまとめ

システム世界の全域化と共同体の空洞化にどう向き合うか。これが本書を貫く問題意識だ。システム世界の全域化は、個人の感情を劣化させるとともに社会の統治コストを増大させ、統治者に挑戦を突きつける。僕らはどのようにこの挑戦に向き合えるのだろう。

ヨーロッパの知識人たちは伝統的にシステムを警戒し、スローフード運動などを通じてシステム世界の全域化に抗ってきた。そこには、成員が人間であることに期待を寄せ、共同体を保持することで生活世界を守り、個人の持つ内発性と善意をベースに社会の統治を設計しようとする哲学があった。しかしながら、このヨーロッパ的アプローチはすでに挫折してしまっている。

ヨーロッパとは対照的なのが、アメリカ的なアプローチだ。そこでは、成員が「快・不快」で動く動物であっても社会が回るような統治のあり方を追求する。システム世界が生活世界に浸透していく中、人間存在は不確かなものとなり、人々は不満や鬱屈を抱えるようになるが、アメリカ的アプローチは、これをドラッグやVRといった祝祭消費で抑え込もうとする。マクドナルド化をディズニーランド化によって埋め合わせる。マッチポンプ的発想だ。

このアメリカ的アプローチをさらに推し進めようとしているのが、新反動主義者や加速主義者たちだ。彼らのビジョンには、もはや包摂的な「われわれ意識」は存在しない。自分たちと同じ価値観や考え方を持つ少数の仲間とともに、他の社会とは隔離されゾーニングされた理想郷を建設せんとする。

あなたは、新反動主義者や加速主義者の描くビジョンに共感するだろうか。でなければ、社会の現実とどう向き合おうとするのだろうか。今まさにわれわれは選択を迫られている。

第7章 あなたにとって「よい社会」とは？

システム世界の全域化は、テクノロジーの進展によって今後さらに加速していく。人々が「安全・快適・便利」に対する強い欲求を持っている以上、この流れを止めるのはかなり困難だろう。そうした中、僕らはどのように未来を展望すべきなのだろうか。どのような社会の実現を目指して行動するべきなのだろうか。

もちろん、社会は白紙の状態から構想できるものではない。社会の未来像を描こうとする試みは、成員の間で蓄積されてきた歴史や培われてきた文化に左右されるし、採用できる選択肢は外部要因によっても規定される。

だが、われわれは、社会の一員として少なくとも部分的には未来を選択できる。そしてその選択は、われわれ一人ひとりが、「どのような社会を『よい』と考えるか」という価値観を問うところから始まる。

トロッコ問題を考える

野田　ここでは、まずは「トロッコ問題」という有名な思考実験について考えてみましょう。このトロッコ問題は、近年のベストセラー、マイケル・サンデルの著書『これからの「正義」の話をしよう』（鬼澤忍訳、現在はハヤカワ・ノンフィクション文庫、2011年）の中にも出てきて広く知られるようになりました。

みなさんが、ブレーキが壊れて暴走しているトロッコに出くわしたとします。前方では5人の作業員が線路上に立っており、このままでは5人ははねられて死んでしまいます。しかし、その手前にポイントがあり、線路は本線と引き込み線に分かれています。気づくとあなたの目の前にはポイントを切り替えるボタンがある。引き込み線にも作業員が1人いますが、あなたがボタンを押せば、トロッコは引き込み線に誘導され、その1人は死ぬものの、本線の5人は助かります。あなたはボタンを押しますか、どうしますか？

宮台　この質問に対して、出身国や社会階層、経済的に豊かかどうかといった違いに関係なく、だいたい7割が「イエス」と答えます。ボタンを押して5人が助かる方を選ぶのです。この比率は

「功利主義」で説明できます。功利主義には複数のバージョンがありますが、わかりやすく言えば、損得を集計して得ができるだけ多い方を選ぶ、それがよいことだ、という立場です。5人が死ぬより1人が死ぬ方がマシだと考えるわけですね。説得的な説明です。

野田　次に少し設定を変えましょう。今度は、みなさんはポイントを切り替えるボタンの側からではなくて、暴走するトロッコを陸橋の上から見下ろしています。トロッコの先には5人の作業員がいて、このままでは死んでしまいます。でも、ふと横を見ると太った男がいる。あなたがその男を陸橋から突き落とせば、トロッコの行く手はふさがれて、5人は助かります。しかし、太った男は死にます。あなたは太った男を落としますか。

宮台　こちらの質問に対しては、出身国や社会階層、経済力の違いに関係なく、だいたい7割の人が「ノー」と答えます。太った男を落とすと答える人は3割を切る程度になります。5人が死ぬか、1人が死ぬかという抽象的な図式は一つめのケースと同じなのに、二つめのケースではイエスとノーの比率は完全に逆転するのですね。

この逆転した答えの方は、カントの「義務論」で説明できます。カントによれば、人間の人間たるユニークネス（独自さ）は、人の命を何かの手段として使ってはいけないという無条件命令に従うところにあります。だから、5人を助けるためとはいえ、太った男を落とせないのです。これも十分に説得的な説明です。

野田　しかし、ここでパズル（難問）が浮上します。みなさん、もうお気づきのように、一つめのケースは功利主義で説明できて、二つめのケースは義務論で説明できるというのは、一つめは義務論では説明できなくて、二つめは功利主義では説明できないということですよね。つまり功利主義も義務論も説明力は部分的であって、二つのケースを一括して説明することはできていない。じゃあ、一つめと二つめの違いは何なのでしょうか。考えてみて下さい。

宮台　答えは、行為が間接的か直接的かという違いです。

一つめのケースでは、ポイントの切り替えボタンを押すべきかどうかが問題でした。ボタンを押して1人が死ぬことに「なった」としても、それは直接的な殺人行為には当たらないと「感じられる」。だから多くの人はボタンを押す方を選ぶわけです。それが、功利主義による説明が有効になる理由です。

しかし二つめのケースでは、太った男の背中を押すという生々しい直接的な殺人行為を思い浮かべることになります。そこが決定的な違いなのです。行為が間接化されていれば殺せても、直接的な行為をともなう場合は殺せないということです。それが、2番めのケースでだけ義務論による説明が有効になる理由です。

野田　功利主義の有効性も、義務論の有効性も、直接性があるかどうかという条件に依存する以上、一般的な回答とは言えません。では、どう説明できるのでしょう。

宮台　ここで鍵を握るのが、「感情の越えられない壁（insuperable emotional hurdle）」という概念なのです。人間には、直接的に手を下すことができないという感情の働きがあるのだ、そしてこれが一つめと二つめのケースを整合的に説明するのだというものです。

トロッコ問題は哲学者フィリッパ・フットが考案した思考実験で、生物心理学者マーク・ハウザーが実験のうえで解釈を施し、「感情の越えられない壁」というゲノム的働きを見いだしたのです。

これにマイケル・サンデルは「壁の高さは変わる」という解釈を加えます。陸橋にいる太った人が「老人」だったら落とせるか、という具合に問いを設定するのです。答えは文化によって変わるといいます。落とす対象が、白人なのか黒人なのかヒスパニックなのか、回答者が、白人なのか黒人なのかヒスパニックなのか、によって落とせるかどうかが変わります。

結論的には、回答者を育んできた文化、つまり共同体的プログラムの違いが、対象の違いによる壁の高さの違いをもたらすとします。つまり、倫理の基盤は、ゲノムだけでなく、それと矛盾しない限りで、一部は文化に由来するというのが、サンデルの解釈なのです。きわめて妥当な仮説だと思われます。

野田　今、「ゲノムだけではなく」と言われましたが、本論を続ける前に、そもそもの人間のゲノム的基盤について、さらにはそれと文化の関係について、少し補足いただけますか。

宮台　社会学は、構築主義・文化相対主義が基礎となってきました。人間は、ある社会に偶然生まれ落ち、そこで育ち上がり、自由に文化を構築できるのだというリベラルな考えです。これを批判したのが、人類学者のエドゥアルド・ヴィヴェイロス・デ・カストロです。人間は、どの社会にあっても、何万年にわたってアニミズム的社会を共通に経験してきており、アニミズム的感受性を前提とした文化が絶対的な基盤であり、それが分化し別々に見えるようになった現状をとらえて相対主義を唱えるのは間違っている、相対的な文化の持続可能性はいまだ検証されていない、とするのです（エドゥアルド・ヴィヴェイロス・デ・カストロ『インディオの気まぐれな魂』近藤宏・里見龍樹訳、水声社、2015年）。大変興味深いとらえ方であり、古くは社会学者のイヴァン・イリイチが1980年代に展開した思想に近いものです。

現在のシステム化した世界における人間関係は、利己的な主体同士の「交換」が基本ですが、人間の出発点であったアニミズム的社会での生活は、より利他的な「贈与」に基づいています。であれば、アニミズム的感受性は、人間のゲノム的な基盤となっていると考えるのが理にかなっています。

野田　人間には利他的に、他者貢献的に行動しうるゲノム的基盤があるというのが興味深いですね。では、話を戻しましょう。

社会の成員にどんな感情の働きを期待するか

宮台　「感情の越えられない壁」という倫理は、ゲノム的に基礎づけられた方向性と矛盾しない範囲内で、文化的プログラムによって積み増しされるという仮説をここでは受け入れましょう。そのうえで、なぜ文化の違いが、振る舞いの違いになって表れるのかを問いましょう。ここでもキーワードは「仲間」です。「どの範囲までを仲間だと思えるか」という認知の違いで、振る舞いが違ってくるのです。

トロッコ問題の2番めで言えば、回答者本人の社会的属性と、陸橋から身を乗り出している人の社会的属性によって、「感情の越えられない壁」の高さが変わりました。どういうことかというと、回答者の特定の社会的属性によって、目の前の特定の社会的属性を帯びた人を仲間だと思えるかどうかという認知に違いが生じるということです。

ここで、災害時に人がどう行動するかについて事例を挙げます。災害が起きると誰もが大変な目に遭います。ところで、災害時にはシステムが頼りにならない分、人々がもともと持ち合わせている良心が、営みとなって表れます。こうした集団の倫理的営みを、前出のレベッカ・ソルニットは

「災害ユートピア」と呼んだのです。

日本でもかつて1995年に阪神・淡路大震災が起きたとき、被災地で人々の非常に冷静な相互扶助が見られました。神戸市に本部を置く暴力団の山口組までが、抗争に備えて備蓄していた物資を放出し、地域の人たちを助けもしました。つまり、阪神淡路の震災では確かに災害ユートピアが出現しました。そのことは新聞記事にもなっています。

ところが僕のリサーチでは、ソルニットの主張が普遍的には当てはまらないことがわかっています。2011年の東日本大震災では災害ユートピアがほとんど見られなかったからです。発災の2〜3日後には当時の海江田万里経済産業大臣の尽力もあって被災地に支援物資が届きましたが、末端の配分でトラブルが生じました。人々の間に「お先にどうぞ」といった感受性が働かず、全員分の物資がそろうまで配れない避難所が続出したのです。

例外は創価学会が運営する避難所と、寺の檀家衆が運営する避難所だったというのが、僕のゼミ出身のボランティアたちの調査結果です。システム世界の外（つまり共同体）を日頃から大切にしてきたからでしょう。

これまで僕は「システム世界の外を大事にしろ」と言い続けてきました。災害でシステムがつぶれた際に人々の良心が営みとして表れてほしいと僕は願います。それは、倫理にはゲノムの普遍的基盤があれ、どう発現するかは、生きてきた文化的環境次第だからです。

避難所で支援物資を待つ場合、「自分の仲間は家族だけ」と思う人はよその家族に先に配られると不満を感じるけれど、「地域の人たち全体が仲間だ」と思えたら「お先にどうぞ」と言えます。「自分に近い人を仲間として尊重する」という倫理が同じでも、「どの範囲までが仲間か」の認知が成育環境次第で変わるのです。それが、普遍的なゲノム的基盤があっても振る舞いが違ってくる理由です。

質疑応答

自動運転技術におけるトロッコ問題

グィエン　トロッコ問題のケースで、たとえば5人の中に大統領が含まれていて、1人の方は殺人犯だったというような場合も、回答結果は変わってくるんでしょうか。

宮台　その通りです。それが実は、自動運転車に搭載するAIのプログラムをどうするかという問題ともかかわってきます。ブレーキが壊れた自動運転車が5人の歩行者がいる横断歩道に突っ込もうとしていて、クルマを横断歩道の手前にある障害物にぶつけて止めれば5人は助かるけれども搭乗者1人が死ぬ。逆に搭乗者1人を助けようとしたら5人が死ぬ。

そんな設定の思考実験が始まっていて、マサチューセッツ工科大学（MIT）メディアラボの研究チームがつくる「Moral Machine」では、5人の中に高齢者がいる場合はどうかとか、犯罪者がいる場合はどうかといった調査を、各国の人々を対象に行っています（「自律走行車は誰を犠牲にすればいいのか？『トロッコ問題』を巡る新しい課題」『WIRED』2019年1月2日）。

回答の傾向はおおまかに、①欧米諸国とロシア、②アジア・中東、③ラテンアメリカという三つのエリアで異なります。だから、AIのプログラムを世界共通にするのは難しいと言われています。また、エリアごとの傾向がわかったからといって、それに従ってプログラミングをしていいのかという議論もあります。なぜなら、それを言うのであれば、各人ごとに倫理が違うからです。まさに現在進行形の課題です。

タケモト　私は東日本大震災のときに現場に1年ぐらいいたんですけど、確かに災害ユートピアが出現していなかったローカルな集団がありました。災害ユートピアは、どんなに集団を小さくしてもできないのか。もしくは安全が確保されさえすれば、一時的にでも「われわれ意識」が発生しうるのか。何が鍵になるのかがわかりませんでした。

宮台　答えは、育ち方の環境です。お話ししたように、「利他性」や「貢献性」について「概念としてはわかるけど、そういう感情が自分の中に生まれたことがない」と話す若い人が、すでに多数いるのが現状です。そういう人たちには共通して、誰かが犠牲を払ってでも自分を助けてくれたという経験がありません。経験がないのは、彼らのせいではありません。

親がどうしようもない損得マシーンで、親に抱え込まれて「勝ち組になれ、負け組になるな」と言われ続けて育った若者が、本当にたくさんいます。そんな彼らが、災害が起きたときに、自分の家族の外側にいる人たちを助けたいと思うだろうか。思わないですよね。彼らは、どんなに小さな町で育った場合でさえ、アカの他人のことはどうでもいいと考えやすい。

だからこそ、社会の統治の未来を考えるときには、自分たちは「どんな成育環境を、自分の子どもや仲間に提供したいのか」という問いが重要になるのです。別の言い方をすれば、「どんな成育環境に育ち上がり、どんな感情をインストールされた人を、自分は仲間にしたいのか」という問いなのですね。

アリストテレスの問いとイエスの問い

野田 改めてまとめると、トロッコ問題は僕らに、生育環境次第で変わりうる感情の働きの存在を教えてくれ、このことを踏まえて、社会統治のあり方をデザインすることの重要性を教えてくれています。では、社会をデザインし選択するにあたって、社会の成員にどんな感情を持つことを期待するのか。言い換えればどんな感情を持つ人を同じ社会の成員として期待するのか。その感情を埋め込むために、どんな成育環境を整えていくのか。このことを掘り下げて考えるために、二つの有名な問いを紹介したいと思います。まず一つめは、『ニコマコス倫理学』という書物で展開されている、アリストテレスの問いかけです。

ここに、同じ程度に殺人が少ない社会が二つあったとします。ところがその社会のあり方はかなり違っているんですね。一つは、処罰が徹底しているので殺人が少ない社会、もう一つは、人々が良心や内発性を備えているので殺人が少ない社会です。そのどちらがいい社会なのかとアリストテレスは問うんですね。みなさんはどう思いますか。

多くの人は、後者の、人々が良心に従う社会の方をよい社会だというふうに考えると思います。僕たちの倫理の方向性はゲノムと文化に基礎づけられていますが、たいていの人たちは、罰せられるから殺さない社会ではなく、殺したくないから殺さない社会の方がよいと考えます。これは、現在、事実として存在している倫理のあり方ですが、同時に、僕たちの多くの人々が持つ価値観を表しています。

続いてもう一つ、新約聖書から「よきサマリア人のたとえ」を紹介します。これは、イエス・キリストが「隣人愛」について尋ねられた際に語ったたとえ話です。

ある人がエルサレムからエリコに下って行く途中、強盗どもが彼を襲い、その着物をはぎ取り、傷を負わせ、半殺しにしたまま、逃げ去った。するとたまたま、ひとりの祭司がその道を下ってきたが、この人を見ると、向こう側を通って行った。同様に、レビ人もこの場所にさしかかってきたが、彼を見ると向こう側を通って行った。ところが、あるサマリア人が旅をしてこの人のところを通りかかり、彼を見て気の毒に思い、近寄ってきてその傷にオリブ油とぶどう酒とを注いでほうたいをしてやり、自分の家畜に乗せ、宿屋に連れて行って介抱した。翌日、デナリ二つを取り出して宿屋の主人に手渡し、「この人を見てやってください。費用がよけいにかかったら、帰りがけに、わたしが支払います」と言った（ルカによる福音書第10章）。

この話をみなさんはどう思いますか。みなさんは、この中のどの人を隣人としたいですか。

宮台　この話に出てくる祭司はユダヤ教の聖職者で、レビ人は神殿での祭式を補佐する役割を担うユダヤの部族です。そうした宗教的な地位にいる人たちであるにもかかわらず、彼らは、半殺しにされて倒れている旅人を助けようとはせず、見て見ぬふりをして通り過ぎました。何故か。それは、彼らが守る戒律に「そういう人がいたら助けなさい」とは書かれていなかったからです。

彼らは、あくまで戒律に書いてある内容の範囲内で善行を積みます。そうするのは、自分たちが神に救われるためです。他方、サマリア人はユダヤ人の中でも差別され迫害されていた部族ですが、この逸話に登場するサマリア人は、「困っている人がいたら、思わず助けずにはいられない」という良心に従って旅人を助けるのです。戒律は関係ありません。

「この3人（祭司、レビ人、サマリア人）のうちの誰を、あなたは隣人としたいか」というのがイエスの問いでした。もちろんみなさんは「サマリア人だ」と答えるでしょう。自分が救われるために誰かを助ける「利己的な利他」ではなく、端的に助けたいから誰かを助ける「利他的な利他」の方が、誰にとっても尊いからです。それが、ゲノムに基礎づけられた普遍的な感情の働きです。実際それが多くの人の潜在的な価値観を形づくってもいます。

自分たちの価値観を見つめ直す

野田　さて、改めて、みなさんへの問いかけです。みなさんは、どんな社会を「よい」社会だと思うのでしょう。

議論を進める前に明確にしておきたいのですが、ここからは、講義ではありません。これは、未来を担うリーダーたらんとするみなさんが、どんな社会をよいと思うのか、その価値観に沿ってどんな行動を起こさんとするのかを自らに問う作業であり、みなさん自身のリーダーとしての生き方の選択です。

確かに僕らには、ゲノム的に、そして文化的に育まれてきた倫理の基盤があります。そして、社会の未来を設計するにあたっては、その基盤が持つ方向性を考慮すべきであると思います。しかし、その基盤はすでに壊れつつあるし、また、基盤があるとしても、何が「よい」かという価値観は人によって異なりうるものです。この講義を行っている僕と宮台さんには、僕らなりの価値観があり、その価値観こそがこの講義を主宰する原動力となっていますが、だからといって、みなさんに僕らの価値観を押しつけることもできません。また、押しつけようともけっしてしていません。したがって、ここからの僕らの意見や信条は、あくまで自身の価値観を問う際の参考としていただければと思います。

宮台　システム世界に向き合う際のヨーロッパ的アプローチとアメリカ的アプローチの違いを思い出してください。前者は、人間が人間であることに期待を持ち、人間の内発性や良心を可能なかぎり保持して活用しようというものでした。これに対して後者は、そうした期待を捨てて、「動物」でさえあれば回る社会を設計しようとするものでした。そこでは、快・不快という感情に働きかけたり、アメとムチを用いたりして、人の行動を制御することが企図されていました。

あえて極端に言えば、前者は、周囲の環境がどうであれ、人として「まとも」に生きようとする立派な人間であることを、社会成員に期待します。後者は、設計された環境に適応し、「うまく」生きようとする人間であることを、社会成員に期待します。後者が期待する人間像は、僕がこの講義で「損得野郎」とか「あさましい人」と呼んできた人間のことですが、そこに僕の価値観が表れています。野田さんも言い方は上品ですが（笑）、価値観は僕と同じです。

野田　ここで紹介したアリストテレスとイエスの問いも、「まとも」に生きる人間と「うまく」生きる人間のどちらを仲間にしたいかという問いかけであり、「まとも」に生きる人間を生み出す社会と、「うまく」生きる人間を生み出す社会のどちらを選択するかという問いかけでもあります。僕と宮台さんは、明確に前者を選択し、そのための行動をとらんとしています。もちろん、僕と宮台さんには違いもありますが。

宮台　野田さんとは何度も議論し、叱られてきたのですが（笑）、僕には新反動主義者のフラストレーションを理解し、一部共感する部分があります。社会の底が抜けてしまい、今後も感情が劣化して損得マシーンと化した人々が増えることはあれ、減ることはない。そんな人々と一緒に民主政という制度を回し続けることなんて無理じゃないかとも思うのです。いっそ少数の価値観を同じくする仲間と理想郷を建設する方が現実的ではないかと。

野田　数年前でしょうか、宮台さんが「新反動主義者に共感する」と言いだしました。僕は、「宮台さん、血迷ったのですか」「社会学者としての使命を思い出しましょう」と迫ったことがあったぐらいです（笑）。システム世界の全域化が進行していく中、そのくらい、社会と人間の劣化が進んでいるという彼の絶望の表れだったのでしょうが。

宮台　今はそうした迷いはないです（笑）。

野田　さて、みなさんはどうでしょうか。僕らに共感される方もおられれば、そうでない方もおられると思います。何度も繰り返しますが、社会の未来を担うリーダーとして、考えてください。

二項対立から脱却し、システムとテックをうまく活用する

野田　先に進みましょう。僕らや僕らに共感いただける方々にとっての問題は、価値観をベースに未来の社会を設計し、その具体化に向けて行動するとき、どんな選択肢がありうるかということです。

宮台　僕らの具体的な処方箋は最後の講義で提示しますが、ここではその方向性だけ示します。それは、システム世界の全域化に抗って生活世界を維持しようとするヨーロッパ的アプローチと、テクノロジーを駆使しながらシステム世界の全域化にともなう課題をシステムで解決しようとするアメリカ的アプローチを、対立するものとしてはとらえないということです。つまり、テクノロジーやシステム世界をむしろうまく利用し、生活世界を維持・再構築するということです。

在野の哲学者とも呼ばれた吉本隆明は、かつて『「反核」異論』（深夜叢書社、１９８２年）で「反・

反核運動」の立場を打ち出し、3・11の原発事故以降も考え方を変えませんでした。テクノロジーやその元になるサイエンスの理論は、人々が何をよいと思うか、何を悪いと思うかとは関係なく、自己増殖的・自己運動的に展開するものであるから、それを前提として人々がしあわせになれる社会を構想するしかない。反科学主義や反テクノロジーのニュアンスを含む思想や運動は、すべてトンチンカンな気休めだと。

僕は脱原発論者ですが、吉本隆明の主張の基本線には、全面的に同意します。テクノロジーを拒絶したり、テクノロジーの進展という大きな流れに抗うのは、馬鹿げた営みです。アーミッシュのような生活に満足できるなら別ですが、文明の利器を知り、その便益を享受している僕たちが、今さら先祖返りするというのは、現実的な解ではありません。

野田　『幸せの経済学』（原題：The Economics of Happiness）という2010年に制作されたドキュメンタリー映画があります。グローバリゼーションの進行に早くから警鐘を鳴らし、国際的なローカリゼーション運動を牽引しているヘレナ・ノーバーグ＝ホッジという女性活動家らが監督を務めた作品で、その中では、彼女自身が深くかかわってきたヒマラヤの辺境、インド・ラダック地方の開発問題が取り上げられています。かつては伝統に根差した共同体生活を送ってきた地域の人々が、70年代半ば以降、欧米文化の流入と都市化が急激に進んでいく中で、従来経験しなかった失業、格差、大気汚染などの経済社会問題を抱えるようになったという、これまでこの講義で見てきた社会変容の過程が描かれています。昔は、精神的に自立していたラダックの人々は、欧米文化にふれることで、「自分たちは何も持っていない、貧しく、支援が必要なんだ」と訴えるようになり、アイデンティティや誇りまでなくしていったのです。

この映画では「本当の豊かさとは何か、しあわせとは何か」を問い直しており、作品を通して示唆されているのは、ローカリゼーションによって人と自然とのつながりを取り戻し、地域社会の絆を取り戻すという方向性です。

しかし、それ自体には共感はできるのですが、ローカリゼーションを賛美するあまり、グローバリゼーションに背を向けすぎているという点において、現実的な処方箋を提示しているとは思えないのです。

宮台　「構造的貧困」の話をもう一度思い出してください。自分たちの社会の外にいる人たちが、自分たちができないような安全・快適・便利なテクノロジー生活を送っているのを、羨望せずにいられる人は、まれです。自分たちの世代が、信念や信仰に基づいてテクノロジー生活を拒絶できたとして、子どもたち世代に同じ信念や信仰を押しつけ続けられるでしょうか。きわめて難しいでしょう。そのことは、かつて幸福度ナンバー1だったブータンが、世代の更新によるテクノロジー化で、かつての栄光を失った過程に象徴されています。

システムvs反システムにしても、テックvs反テックにしても、グローバリゼーションvsローカリゼーションにしても、信仰のにおいがします。そうではなく、こうした二項対立から脱却することが大事なことだと思います。テックを例にとりましょう。

新反動主義者たちは、テックを駆使して理想郷を構築しようとしますが、テックは所詮、人間が設計するものです。であれば、前に話したように、設計する人間次第で、テック的な世界はどうとでもなりえます。実際、テックには論理的に二つの方向がありえます。一つは、人間の「動物化」を促進する方向。もう一つは、人間の「人間化」を促進する方向です。

従来のテックは、システム世界の全域化＝汎システム化を促進し、個人間の分断やクラスタ間の分断を進行させることで、もっぱら人々の動物化を促進してきました。そうしたテックによって、内発性とは無関係に損得勘定だけですべてをすませられる領域が広がったので、人々は他者とのつながりを維持することをコストだと考え始め、損得を超えた倫理に関心を持たなくなりつつあります。これを「感情の劣化」と呼んできたわけですね。

しかし、テック自体に着目するならば、テックが汎システム化だけを支援しなければならないいわれは、そもそもないのです。テックは、人々がシステムに抗えるように人間化を促進したり、人々が個人間のつながりやクラスタ間のつながりをより強く望むように認知の図式を変える方向で機能したりする可能性を、十分に秘めます。つまり、人々の損得を超えた内発性を支援するテックを構想できるのです。

だから、僕たちが考える処方箋は、アメリカ的アプローチの究極とも言うべき新反動主義者のアイディアをひとまず退けたうえで、テックを使ってシステムが人間の倫理的なあり方を涵養できるはずだという仮説から始めることになります。この問題設定は過剰にユニバーサルなので、ふつうは「いや、できるところと、できないところがあるでしょう」と感じるでしょう。でも、それでいいのです。できるところが少しでもあれば、処方箋を現実化しようということです。

ここで、テックについて考える際、みなさんにぜひ理解しておいてほしい問題があります。それは、「人間であること」と「人間的である」こととは、まったく違うということです。これを強調したのが、ハーバーマスの、『人間の将来とバイオエシックス』(三島憲一訳、法政大学出版局、2004年)という著作です。込み入った議論なので、僕の言葉で要点をパラフレーズします。

現在の社会には、非人間的な人間も存在する一方、人間的な体験を与えてくれるロボットも存在します。後者は、人間的な体験を与えてくれるもので、人間のようなメカニズムで機能するロボットは開発途上ですが、いずれ実用化されます。人間の脳は握りこぶし二つ分の容積しかない「物理的実体」だから、AIは必ず脳に近づきます。遺伝子組み換え技術によって人間よりも人間的な改造哺乳類をつくり出すことも、いずれできるようになるでしょう。

つまりテックの発達は、フィジカルな意味での「人間か、非人間か」という境界を消去していきます。人間的な人間、人間的なAI、人間的な改造哺乳類と、非人間的な人間、モンスター化した改造人間が、横並びになります。するとどうなるか。「人間であること」より「人間的であること」の方が大切になっていきます。「人間であっても人間的でなければ価値はない」「人間でなくても人間的であれば価値がある」というふうにです。

たとえば『鉄腕アトム』は、「人間よりも人間的なロボット」を世界で初めて描いた漫画です。作者の手塚治虫は、「人間よりも人間的なロボットたち」と「ロボットよりも非人間的な人間たち」という対比を、最初に提起しました。ちなみに、手塚治虫は『火の鳥　未来編』でも、有名な「ロビタのエピソード」において、同じ対比を提起しています。

手塚作品に従えば、「人間的か、人間的でないか」を分けるものは、「そこに倫理が存在するか、存在しないか」ということです。とすれば、テックと人間が対立するなどということは本来ありえません。問題は、テックにどのような倫理を組み込むかということだけです。幸い、そのことはまだ人間である僕たちが考えるべき事柄になっています。

野田　先の講義で、人間の内発性を育むゲーミフィケーションのあり方も可能だと宮台さんは話しておられましたが、ここでの議論も同じ文脈ですよね。

宮台　その通りです。香港出身でドイツのバウハウス大学で教鞭をとっているユク・ホイという中国人哲学者がいるのです。彼は、人間性をテックに組み込んでいくことを積極的に提案しています。キリスト教的世界観で言えば、技術（テック）は、自然をコントロールする手段ですが、老荘思想的世界観で言えば、宇宙の法則と人間社会の法則は同じであり、技術は自然を再現しうるものと言ってもいいのです（詳しくは、『ゲンロン』に２０１９年から２０２１年まで連載された「芸術と宇宙技芸」を参照）。映像を例にとれば、デジタル・アーティストのジュリアス・ホルシスの３Ｄフラクタル映像は、天然の海や森よりリアルな海や森を描いています。こうした映像は、テックが人間を自然へとつなげ、人間性や倫理を育むものへと発展する可能性を示していると思います。

野田　３Ｄ制作の草分け的ハリウッド映画の『アバター』（ジェームズ・キャメロン監督、２００９年）の世界ですね。衛星パンドラで、稀少鉱物を採取し自然を破壊する存在である人間性を失った人間の一人が、衛星土着の部族ナヴィとアバターで交流します。熱帯雨林さながらの自然の中で、人間以上に人間らしい部族とのふれあいを通して、人間性や倫理観を取り戻していく姿が描かれています。まさに、「人間であること」より「人間的であること」の方が大切であることを僕らに示唆しているように思います。

宮台　その通りです。スティーブン・スピルバーグが製作したＳＦ映画『レディ・プレイヤー１』（２０１８年）も、一面では退廃した近未来において、一攫千金を夢見てＶＲゲームに興じる若者を描いていますが、そのゲームの中で、若者はリアル以上に人間らしい愛と友情の交流を経験するのです。

野田　『劇場版　ファイナルファンタジーXIV　光のお父さん』（野口照夫／山本清史監督、２０１９年）という邦画でも、ほとんど会話もなかった父と息子が、父の定年後に、ゲームでの助け合いを通じて、人間関係を再構築している姿が描かれています。僕自身はゲームをほとんどやりませんが、こんな体験もありうるんだと変に感心したおぼえがあります。人間性や倫理を育むゲーミフィケーション（テック）の一例なのでしょう。

宮台　人間性をどう実装していけるか、人間的なるものを人間ではなく、どこまでテックに期待できるかは、その実現可能性と全体の効用も含め、今後の大きな議論の一つです。

野田　議論の尽きない興味深い論点です。さあ、ここまでで、大きな方向性とその前提となる考え方は理解してもらえたかと思います。では、最終講に進むことにしましょう。

Conclusion

第7章のまとめ

未来は選択するものだ。

と同時に、その選択は、実現可能性において制約を受ける。

テックの急速な進展に牽引される形で、システム世界の全域化は今後も世界的規模で進んでいくだろう。その流れに抗おうとしてきたヨーロッパ的アプローチが挫折し、流れを加速させんとするアメリカ的アプローチの究極系とも言うべき新反動主義者が登場した今、われわれには未来を選択する機会が与えられているとはいえ、そのスペクトラム（幅）は限られている。未来は常に、アスピレーション（願望）とプラグマティズム（冷徹な現実）の交わりからつくり出される。

その選択において起点となるのは、何が自分にとっての「よい」社会なのかという問いだ。人を殺すと処罰されるから人を殺さない社会と、人を殺してはいけないと良心が呼びかけるから人を殺さない社会。人を助けるとリターンが返ってくるから人を助ける社会と、困った人にただ善意から手を差し伸べる社会。読者にとっての「よい」社会はどちらだろうか。

人間には先天的・ゲノム的に備わった倫理的基盤と、後天的・文化的に育ち上がった性向が備わっている。これらが「感情の越えられない壁」を形成する。みなさんは、自分が「よい」と考える社会の成員に、つまり自分の仲間になる人たちに、どんな感情を持ってもらいたいのだろうか。

未来を担うリーダーに求められるのは、そういう問いを自らに投げかけること、そして自身の価値観を（再）確認し、確立することにほかならない。

Chapter 8

第8章
共同体自治の確立とリーダーの条件

最終章では未来を展望する。

前章で議論した価値選択に照らして言えば、僕らは、「快・不快」という動物的性質を利用した統治よりも、人々の善意と主体性を基礎に置く統治の方が望ましいと考える。「うまく」生きる人がはびこる社会ではなく、「まとも」に生きる人があふれる社会を、よりよい社会と考える。ただし、社会が「まとも」に生きる一部の人だけのゲーティッド・コミュニティであってもいいとは思わない。

だから、本書で未来の実現に向けて描く処方箋は、新反動主義者たちが描くものとは自ずと異なってくる。

その一方で、僕らはテクノロジーやシステムを全否定はしない。小さなユニットから再出発し、食やエネルギーの地産地消を梃子《てこ》にテックやシステム世界と共存する形で、（疑似）共同体自治を確立せんとする。そして、こうした取り組みがロールモデルとなり、他にも波及していくことを期待する。それが、本章で提示する処方箋だ。

僕たちの処方箋

野田　ここからは、新たな社会像の実現に向けた処方箋を提示していきます。何度も繰り返しますが、目指す社会像は「どのような社会をよいと考えるか」という価値基準によって異なります。みなさんが「システムが全域化してもかまわない」「人間が動物化してもいい」と考えるならば、それも一つの方向性でしょう。中国モデルが社会統治の観点から期待の星であるのであれば、それもまた一つの方向性です。いずれも、けっして否定されるべきものではない。

今から提示する処方箋も、宮台さんや僕の価値観を反映した一つの方向性です。それは、同じような価値観を持つリーダーたちが、試行錯誤しながら世界各地で実践しているアプローチでもあります。

宮台　まず、社会学の出発点に立ち返りましょう。講義の冒頭でお話ししたことを思い出してください。社会学は、フランス革命が失敗に終わった後の19世紀末、反啓蒙の思想である保守主義や無政府主義やマルクス主義が台頭していく中で登場しました。保守主義と同じように漸進主義を採り、無政府主義と同じように小規模な中間組織に焦点を当てる。それがとりわけデュルケム派に代表される社会学の始まりでした。

この出発点に立ち返れば、僕たちが国家規模のレベルで「われわれ意識」を取り戻すことは不可能です。近代とともに誕生した国民国家は大きすぎるのです。だから、前出の社会学者アンソニー・ギデンズは、まともな国家が共同体を支え、まともな共同体が個人を支え、まともな個人が民主国家を支える「社会投資国家」を提唱しました（『第三の道』佐和隆光訳、日本経済新聞社、１９９９年）。国家は社会（共同体）に投資しないと、もはや存続できないという発想です。

共同体の重要性に焦点を当てる点で、慧眼です。それができる国家はそのようにすべきだという提案であれば、同意します。でも残念ながら、そうした国家のマクロ政策にすべての国民が合意することは、今の日本のように劣化した国ではもう不可能です。だから僕たちは、国家が社会投資国家に舵切りするのを待つわけにいきません。国家の役割にギデンズぐらいの期待を寄せるだけでも、すでに過大なのです。

では、どうすればいいのか。社会全体をいっぺんに立て直すのが難しいのであれば、小さなユニットで「われわれ意識」を再構築していけばいいじゃないか、というのが僕たちの考え方です。わかりやすく、一口で「社会という荒野を仲間と生きる戦略」と名づけています。社会を放棄するという意味ではない。まず、小さなユニットから行動を起こし、次に、散在する小さなユニットで変化した人々の構えに応じて大きなユニットの問題を考えよう、ということです。現状を前提とすれば論理的にそれ以外の戦略はありません。

システムとテックの力を借りて、ミクロから共同体を再構築する

宮台　具体的にお話ししましょう。僕たちが提案するのは、「テックのプラットフォームを中核とするシステムに支えられたミクロな共同体——人工的な共同体——が、バラバラになった個人を新たに包摂することで、コミューナルな人間関係を再構築していく」という、とりあえずはミクロレベルの処方箋です。そのためには、VRやARを利用することさえ許容します。

これは何度も名前を挙げたユルゲン・ハーバーマスの「改訂版の枠組み」を参考にしています。少し理論的な話をします。ハーバーマスはもともと、汎システム化に抗って生活世界（共同体）を保持せよ、というヨーロッパの知的伝統の中心にいました。ところが1970年に、論敵の社会システム理論家ニクラス・ルーマンにその考えを論破されます（ニクラス・ルーマン、ユルゲン・ハーバーマス『批判理論と社会システム理論——ハーバーマス＝ルーマン論争』佐藤嘉一ほか訳、木鐸社、1984年、原著は1971年）。論争はきわめて哲学的で難解なので、ポイントをパラフレーズします。

ルーマンの論点は、「生活世界もまた、システム世界を含めた全体が与える内部表現だ」という

もの。内部表現とは「システムが生み出した、システム自身が体験しているビジョン」です。富士山が見えるとして、みなさんは富士山を体験しているのではなく、神経システムの作動が与えるビジョンを体験しています。それが内部表現です。ルーマンの語法では、生活世界とシステム世界を合わせた全体が「システム」で、コミュニケーションの全ネットワークを意味します。生活世界は、システムの作動が与えるビジョンにすぎないのです。

「システム世界の外に生活世界が独立自存する」というイメージを押し出すハーバーマスが、彼がシステム世界の擁護者として糾弾したがっていたルーマンとの議論に負けたことは明らかでした。そこには、ルーマンのシステム概念を、システム世界（市場や行政）だと読み間違える誤解もありました。生活世界とシステム世界という別々に見える存在も、コミュニケーションの全ネットワークとしてのシステムが生み出した内部表現に決まっているのです。

ルーマンとの論争に破れた後のハーバーマスは、急速にバージョンアップします。彼の言い方では「生活世界を生きることはできなくても、生活世界を論じることはできる」。パラフレーズすれば、独立自存するピュアな生活世界を生きることなどできはしないが、システムにまみれながら生活世界のあるべきビジョンを思い描き、ビジョンに沿った生き方をすることならできる。ならばそうしようではないか。それがハーバーマスの新たな「改訂版の枠組み」です（ユルゲン・ハーバーマス『コミュニケイション的行為の理論 上・中・下』河上倫逸・平井俊彦ほか訳、未来社、１９８５／８６／８７年）。

その実践的な含意を汲み尽くそうというのが、僕の提案です。当然ながら、そこで再構築されるべきものは、昔ながらの共同体ではありません。なぜなら、共同体の外側が——正確には社会の全体が——かつてと違って圧倒的にシステム世界化した結果、人々の感受性が劇的に変わり、人々が共同体に期待するもの・期待しないものも大きく変わっているからです。こうしたもろもろの事情を込み込みにしたとき、再構築を目指すのはかつての共同体ではなく、「システム世界の力を借りて存在する人工的な共同体」となります。

このアプローチの成否を握る鍵は何か。それは「共同体自治」をいかにして確立するかということです。「自治」といっても、日本の行政で行われている「地方自治」みたいなものを指すわけではありません。「われわれが、われわれのことをなんとかする」つまり「任せて文句を言うのでなく、引き受けて考える」というのが、共同体自治の本質だからです。共同体自治は英語で「municipalism」です。バルセロナ（スペイン）などでそれを称した運動が続いています。共同体自治に向けた運動で最も古いものは前に話したスローフードです。

人々の感情的劣化という「現状」と、その歴史的な「背景」を精査したうえでの、僕たちの処方箋は、システム世界の全域化がもたらす没主体化・損得化・動物化に抗うというものでした。そうだとすれば、ひとりで抗えますか。抗えません。人間は弱いので、仲間集団に埋め込まれてバックアップを受けないと、エンパワーされません。だから、まず仲間が仲間であり続けるための営みが必要です。それが共同体自治なのだと考えてくださるといいかもしれません。

入り口となる食とエネルギーの共同体自治

宮台　さて共同体自治の糸口は多数ありますが、ヨーロッパでは「食の地産地消」と「エネルギーの地産地消」が最初のステップになると考えられてきました。ただし前の講義で紹介したように、「テックに支えられたファストフード」に対抗する「人間関係に支えられたスローフード」という初期の素朴な構想は、すでに挫折しました。「テックか、人間関係か」（システム世界か、生活世界か）という素朴な二項図式は必ず敗北します。他方、エネルギーの地産地消はテック抜きには一歩も進まないので、素朴な二項図式を超えられます。

共同体の再構築と共同体自治の実現にあたって、僕たちも、食とエネルギーが、人々が一番参加しやすいテーマだと思います。なぜならテーマとして身近だからです。「ジャンクフードを食べすぎたら太る」「子どもの弁当の素材には無農薬がいいな」などと食について考えることは日常で、同じく「電灯のスイッチはまめに消しなさい」「新製品のエアコンは節電型だ」みたいにエネルギーについて考えるのも日常です。だから、日常で考えていることの延長線上に共同体自治を位置づけることができます。

もう一つ、これらのテーマであれば、「遠隔」にあって「手が届かない」事柄を、「等身大」に、「自分事」として引きつけてとらえることができます。システム世界では、どこの誰がつくったのかわからない安いものを食べています。これに対して、「仲間のためにいいものをつくりたい」と思っている仲間の努力にお金を払い報いながら食べる営みは、食べる体験を完全に別物にします。

エネルギーについては、食より少しハードルが高いけど、キャンプをすると問題の本質に気づけます。火をおこすことや、焚き火を一晩中消えないようにすることが、どんなに難しいかを知ることができます。火の熱が大半は使われずに無駄になることや、火が煙や一酸化炭素や二酸化炭素をともなう事実も、リアルに学べます。そうしたリアルさから切り離されていることが、手が届かない遠隔のシステム世界がはらむ問題に気づけない理由だと、気づくことができるのです。

汎システム化の世界に生きる僕たちは、社会の営みにかかわるもろもろが、遠隔にある見えないものなので、「見たいものだけを見る」いいとこ取りを通じて、見えないところに生きている他者たちや、見えないところに広がる自然生態系に、巨大な負荷をかけているのに気づかずにいます。そんな中で、「収奪や外部化は問題だ」と単に叫んだところで、人々の心にはまったく刺さりません。誰もがふつうに気づけるものとして遠隔の社会や自然からの収奪や外部化を問題にするには、食とエネルギーというテーマは最適です。

さらに、ここには、前に話したルソーの「ピティエ」の問題が絡みます。すでに紹介したダンバー数に代表されるゲノム的性質によって、目に見えるところで同じ場所をトゥギャザに生きる仲間だからこそ、僕たちには彼や彼女がどんな問題に悩んだり苦しんだりしているのかがわかり、だから法律などが政治的に決まったときにその彼や彼女がどうなるのかを気にかけることができます。こうした「気にかかる仲間」をインターネットの空間だけでつくり出せないことは、さまざまなデータで示した通りです。それでは社会全体の最適化はできません。

つまり、「気にかかる仲間」がいるという事実をベースにした同心円的な想像力の働きの延長線上で、初めて「全体についての意識」が生まれるのです。それなくして、初めから全体のことを考えることはできないし、考えさせることもできません。無理に考えさせれば、それは定義によって全体主義そのものになります。だから、「気にかかる仲間」から「全体についての意識へ」という経路が大切になります。

野田　食とエネルギーの共同体自治という提案を受け止めていただくにあたって、最初の講義で紹介した構造的貧困のストーリーを思い出してもらいたいのです。伝統的な共同体の中で、島の住民たちは、自給自足の生活を行ってきました。そこにモノカルチャーが導入され、いつの間にか、多様性に富んだ生活は失われ、住民たちは換金作物を国際市場で売りさばき、得た現金で、商品やサービスを外部の市場を通じて獲得することになりました。結果として、市場やシステムに依存することになったのです。

僕らが提唱している処方箋は、ある意味で、このストーリーを逆に動かすことです。人が暮らしていくうえで食とエネルギーは最も重要な要素です。この二つの要素を、外部のシステムに完全に依存するのではなく、地産地消でできるかぎり自給するのです。そして、地域の事情に合った食とエネルギーの多様なポートフォリオを選択するのです。

かといって、かつての自給自足のように外部から孤立した生活に戻るわけではありません。テックやシステムを梃子に、外部のシステムにつながりながら、システムを意図的に活用しながら共存するのです。

プラネタリーバウンダリー（地球の限界）が議論されている今、われわれは持続可能性をめぐる挑戦の真っ只中にいます。20世紀の経済成長を支えてきた中央集権型の火力や原子力エネルギーではなく、太陽光、風力、小規模水力、バイオマスなどの再生エネルギーを中心とする分権型のエネルギーシステムが、GHG（温室効果ガス）の排出の低減にも気温上昇の抑制にも、地域社会のレジリエンスの確保にも必要であるというコンセンサスが得られつつあります。

また、食についても、他国から多大な輸送コストをかけて、安価なモノカルチャーの農産物を輸入するというモデルから、地域で収穫された多様な特色ある食物を地域で加工して消費するという地産地消モデルへのパラダイムシフトが進行中です。

その意味でも、食とエネルギーの共同体自治は、単に社会を再構築するためというだけではなく、人類の持続可能性という観点からも、一つの有力な処方箋であると僕らは考えるのです。

宮台　野田さんが補足されたように、テックとシステム世界を最大限に活用するという点が重要です。食やエネルギーの地産地消をどれだけ重ねても、生活に必要な便益をすべて調達できるわけではなく、その共同体が完全に自立することもありません。生活に必要な便益を調達するには、それを支えるリソースを外から購入するために、共同体の外で売れるものをつくって〝外貨〟を獲得しなくてはいけません。それには、外でビジネスパーソンとして働いて給料をもらう営みも含まれています。

とはいえ、ブローカーに言われたままにものをつくるのではなく、自分たちで考えて「共同体の外」とつながる必要があります。むろん今もすでに各地で、特産品を開発してインターネット通販をする挑戦や、農村の暮らしを体験できるアグリツーリズムを企画・運営する挑戦があります。

エネルギーもそうです。共同体で発電するだけでなく、余剰な電力を売電して〝外貨〟を得るべく外部のシステムとつながる必要があります。先行例は、「シュタットベルケ」と呼ばれるドイツ各地の公社で、電力だけでなく水道やゴミ処理といったインフラサービスを提供しています。

他方、お金で雇われたプランナーにそうしたアイディアを丸投げする事例も目立ちます。それでは、共同体自治の原則である「引き受けて考える」から、行政というシステムに依存して「任せて文句を言う」への逆戻りになりかねません。大事なことは、繰り返し申し上げた通り「システム世界」対「生活世界」、「テック」対「反テック」という単純な図式にとらわれず、システム起源であれ使えるリソースは使いながら、「気にかかる仲間」から「全体についての意識へ」という人間的な経路をたどることです。

会話が人をつなげ町を再生する

野田　宮台さんが言われるように、食とエネルギーというテーマは、人と人をいま一度結びつけ、「われわれ意識」を再構築するという意味において、とても適切なテーマです。事例を挙げましょう。

イギリスのトッドモーデンという町で始まった「インクレディブル・エディブル（Incredible Edible）」という活動をご存じですか。トッドモーデンは、マンチェスター郊外にある人口約1万5000人の町です。第2次世界大戦後は、かつて栄えていた繊維産業が衰退したため、若者は職を求めて都会へ流出、地元経済もさびれていきました。

そんな町の状態や気候変動に対する危機感から立ち上がったのが、インクレディブル・エディブルです。パム・ワーハーストとメアリー・クレアという2人の女性が「町でできることをしよう」と呼びかけて、最初は60人ぐらいが応じたといいます。

活動の中身は、町の真ん中の花壇や公共スペースでハーブや野菜、果物を勝手に育て、みんなで共有するというものです。コミュニティの中心に食があり、住民同士が会話を交わしながら作物を育てたり収穫したりすることでつながりを強めていく。必ずしもシステムやテックと連動した取り組みではありませんが、僕は素晴らしい発想だなと思うのです。

たとえば、警察署の空き地スペースにも、ボランティアの手でハーブが植えられていて、警察官が見ている中で、誰でも勝手に採っていいのです。むしろ住民と警察官が会話を交わすのです。引きこもりだった人も花壇づくりに参加し、土にまみれながらいつしか人と会話し始めます。住民たちは収穫した野菜や果物を持ち寄り、ともにキッチンで調理をし、食卓を囲みます。そこでは、損得勘定ではない、よりパーソナルで包摂的な人間関係が生まれていくのです。

このインクレディブル・エディブルはイギリス国内だけでも100カ所以上に広がり、世界でも約1000グループが同じような活動をしています。

ディスカッション

カリスマ経営者のリーダーシップは通用するか

野田　エネルギーや食を自立の手段にし、外部のシステムやテクノロジーも最大限利用することによって共同体自治の確立を目指す取り組みは、世界のみならず、日本でも各地で始まっています。

もちろん、この処方箋は必ずしも万能ではありません。たとえば、国内でまちづくりの成功例として有名な海士町《あまちょう》（島根県）の人口は二千数百人ほどですし、「チッタスロー」というイタリアのスローライフ認証を日本で最初に取得している市である気仙沼市（宮城県）も人口約6万人です。それぐらい小規模で、住民の間にもまとまりが多少は残っていて、なおかつ、ある程度のリソースに恵まれているような地域であれば、このアプローチはうまくいくかもしれませんが、すべての地域で実践できるとは限りません。

しかし現に、このアプローチの方向性を信じて格闘している人はさまざまな地域に多くいますし、原理的にはそれは可能なはずだと僕らも信じています。

そのことをお断りしたうえで、共同体自治の確立に向けたプロセスとリーダーシップについて、これから議論していきます。そういうプロセスを円滑に進めるリーダーにはどのような役割や資質が求められるのか、まずは白紙で考えてみてください。

ハシモト　自分自身、コミュニティで社会実験のようなことをやっているんですけど、リーダーに求められるのは、その取り組みを「何のために」するのかという目的を示すことだと思います。もちろん、リーダー個人の損得のためといった目的では動きは広がっていかないので、目的には大義とか利他性がなくてはいけません。また、信頼がベースにないと人はついてきてくれないので、リーダーが自分の価値観をしっかり持っていることもすごく大事かなと思います。

ナトリ　リーダーが、自分が理想として掲げる未来像を描いてこそ、そのビジョンのもとに人は集まるし、アクションが起こっていくのではないでしょうか。

ホアン　長期的な視点を持つことも大事ではないかと思います。目の前の課題を解決しようとするだけではなく、もうちょっと先の未来を見据えることが必要です。あと、マネタイズもきちんとできることが不可欠だと思います。でなければ、活動が持続していきませんから。

野田　みなさんの意見は、一般的なリーダーシップを考えるうえでは全部的を射ています。しかし、ここでのキーワードは共同体自治の確立なんですね。その実現のためにリーダーに求められる役割や資質はどういうものなのかと問われればどう答えますか。

たとえば、企業で変革を起こしたり、悪化していた業績をV字回復させたりするようなカリスマ経営者のリーダーシップって、共同体自治の確立に向けた取り組みにふさわしいと思います？

ルロワ　それは違うと思います。経営リーダーはトップダウンで指示を出したり、組織をコントロールしたりすることによってリーダーシップを発揮しますけど、共同体自治の確立を目指すリーダーシップでは、みんなの知恵を活かし合ったり、知恵の共鳴を生み出したりすることが大事になるのではないでしょうか。

モリカワ　共同体は、企業組織に比べるとメンバーに対する強制力が働きにくいです。だからこそ、共同体が抱える問題をみんなが自分事としてとらえるようになったり、共同体のミッションに共鳴して危機感や使命感を持てるようになったりしないかぎり、活動はうまくいかないのではないでしょうか。その意味で、トップダウンでは機能しないいんじゃないかと思います。

オーナーシップを喚起する

野田　エネルギーの共同体自治で有名なサムソ島の取り組みを紹介しましょう。サムソ島は、デンマークにある人口約4000人の島です。この島では、本土の電力会社を通さずに電力を確保するために住民たちが協同組合をつくっていて、洋上風力や太陽光を利用して、10年間をかけて100％クリーンエネルギー化を実現しています。また、農業中心の土地柄を活かしてバイオ燃料を製造し、その結果、余剰電力を売って利益を得ることもできるようになりました。

この活動の創始者、ソーレン・ハーマンセン氏は、２００８年に米『タイム』誌の「環境ヒーロー」に選出されています。

そのハーマンセン氏が、コミュニティパワー・イニシアチブ（現・一般社団法人全国ご当地エネルギー協会）という団体の立ち上げイベントが２０１３年6月に東京で開催された際に寄せたメッセージを紹介させてください。


みなさん、こんにちは。私の名前はソーレン・ハーマンセンです。私の住むデンマークのサムソ島では、この15年ほどの間、日本でも「コミュニティパワー」と呼ばれている取り組みを行ってきました。

私たちにとって「コミュニティパワー」とは、地域の人々や地域の発展にかかわり合うことです。私たちが取り組みを始めたとき、みんながエネルギー計画づくりに参加し、プロジェクトに投資して、オーナーシップを持つことができるように、地域の人々を議論に招待しました。そうすることで、私たちの島は10年かけて地域の人たちがオーナーシップを持って、１００％の自然エネルギーで自給するコミュニティを実現させました。

これはどういうことなのでしょうか。コミュニティパワーはかかわり合いのもとで行われる議論の形であって、私たちは、計画を決める前の段階で人々が議論に参加できるようにします。なので、政治家も招待されて席につき、人々に話しかけ、人々が未来に何を望んでいるか、人々がそれにどうやって取り組みたいのか知るのです。

たとえば、サムソ島にある風車は私たちの友だちです。敵ではありません。もしかしたら他の地域にある風車は地域社会に問題を引き起こしているかもしれません。私は、それは人々が風車を所有していなくて、風車をつくるプロセスにも参加していなかったことによるのではないかと思います。

突然、巨大な風車が建てられたら、人々は「これは危険だ！」と感じたり、「これは私たちのためではなく、中央の大企業のものだ！」と思うでしょう。しかし、私たちの風車は私たちのプロジェクトであって、私たちにコミュニティパワーを供給します。

サムソ島から日本に伝えるメッセージは、

コミュニティパワーこそグリーンな世界をつくる方法です！

コミュニティパワーを始めましょう！

野田　このように、ハーマンセン氏は「オーナーシップ」という概念を強調しています。地域住民が風車を所有するんだというオーナーシップ、地域住民が自ら風力発電プロジェクトの議論に参加し、そのプロセスにかかわり合うんだというオーナーシップですね。先ほどのルロワさんやモリカワさんの「知恵の共鳴」「自分事化」というキーワードとも通じています。共同体自治の確立を目指すリーダーに求められる役割は、どうやらそのあたりと関係がありそうです。

前述の通り、僕は5年間、三陸沿岸部の被災地の復興支援を行っていましたが、その一環として企業の中堅層、みなさんの先輩ぐらいの年代の人たちを30人ぐらい釜石市・大船渡市・気仙沼市などに派遣して、共同体自治を確立しようとする活動に参加してもらったのです。だけど、ビジネスパーソンは、この活動で壁にぶつかるんです。

なぜかというと、企業人はトップダウンのリーダーシップという理想像に慣れすぎているんです。「俺が、俺が」というリーダーシップを発揮しようとして意気込み、ことごく失敗するのです。共同体自治の確立というのは、それくらい難しいプロセスだと実感しています。

じゃあ、どんなリーダーシップがふさわしいのか。そのヒントを示してくれているのが、宮台さんの知り合いで、僕もお会いしたことのある山崎亮さんというコミュニティデザイナーではないかと思います。彼は地域再生の専門家としては日本で最もよく知られる人物であり、各地でまちづくりに参画しています。

たとえば、兵庫県の家島《いえしま》という島では、女性たちが、穴が開いて売り物にならない海苔を材料に「のりっこ」という佃煮を開発し、ネットで全国に販売しているんですが、そのヒットのきっかけをつくったのも山崎さんです。彼はまず、島外の人を呼んで島の魅力を発掘してもらうプロジェクトを企画することで住民たちのやる気に火をつけ、女性たちが自分の力で新たな名物を発案できるような場をつくり出したんですね。

家島の女性たちは、地域新聞を発行して島の出来事を伝えているほか、唯一の公共交通であるコミュニティバスの運転手を買って出るといった活動もしています。そんなふうに人と人のつながりを生み出しているのが山崎さんという人なんですね。そこで彼のリーダーシップを少し概念化、一般化してみましょう。

エリートに従うのではなく、知恵を出し合って決める

宮台　山崎亮さんは、コミュニティデザインをこういうふうに定式化しています。「まず自分がみんなにつながる。次にみんなをつなげる。それからみんなに知恵を出してもらう」。わかりますか。まず、山崎さん自身が住民たちとつながる。次に、それを使って、山崎さんが住民同士をつなげる。最後に、それを使って、山崎さんが住民たちに共同で知恵を出してもらう、という時系列です。
というとフラットに聞こえますが、中核にあるのは「地元の人たち同士を互いに仲間にすること

と」です。とはいえ、疎遠でバラバラになった人たちに「みなさん、互いに仲間になりましょう」と呼びかけても無理です。だから、紹介したような時系列になるわけです。つまり、山崎亮さんはまず自分と住民とのつながりをつくり、それをベースにいろいろなイベントを提案して住民同士をつなげる。そうすると、住民たちが互いに仲間になって「仲間のための知恵を出し合える」ようになるのです。

「ひとりで自分のために知恵を出そう」と思っても、ひとりだと面倒くさくなるし、自分が諦めればいいだけなので、知恵を出す動機がすぐに枯渇します。でも、周りに親しい仲間がいて、「みんなでみんなのために知恵を出そう」と思うと、楽しくなります。相手が聴いてくれ、受け入れてくれ、一緒に考えてくれることは、それ自体が享楽なのです。その成果が、瀬戸内海の家島で言えば、島の女性たちが3年かけて開発した「のりっこ」ですね。

野田　このプロセスで大切なのは、人々の間に、どこかのエリートに従って決めたのではなく、みんなで知恵を出し合って決めたのだという感覚が生まれることですね。

宮台　エリートの語源をたどると、「人々を導くのにふさわしい選りすぐりの人」という意味です。ある場所にエリートがやってきて、「こういうふうにすればいいんだよ。なぜならば……」というふうにリーズナブルなことを説く。「なるほどな」と思った人々がその通りにやると確かにうまくいく。初めはそれでいいかもしれません。でも、その後はどうでしょう。

図表8-1｜共同体自治構築に求められる資質とリーダーシップ

合意プロセスの中に個人を〈参加〉させ、
〈熟議〉を通して合意形成を図る

個人の〈メンバーシップ**（われわれ意識）**〉の感度を育む

これによって、国家レベルではなく、
ミクロレベルで民主政を回し、共同体自治を確立する

このプロセスをリードするのが
「エリート（1階の卓越者）」ならぬ**「2階（半地下）の卓越者」**
by キャス・サンスティーン

世の中は複雑なので、エリートに従って始めたことも、どのみちうまくいかなくなります。すると、「あのエリートの言う通りにやったのに、ぜんぜんうまくいかなかった、ってことは、あのエリートはインチキだったんだ」となります。これも前の講義で紹介した「外部帰属化」に当たります。逆に、うまくいっても「あれはエリートがやったことで、自分たちには関係ない」ということになります。外部帰属化は、自分たちの責任を免除してしまうのです。

　これは、人々がシステム世界に依存するのと同じ図式です。うまくいってもいかなくても結局は何かに依存している。ということは、共同体自治を確立していくプロセスにおいて求められているのは、そういうエリートではないということです。むしろ必要なのは「縁の下の力持ち」です。陰からサポートし、自分は目立ちません。自分の手柄も、相手に渡す人です。

それを法学者キャス・サンスティーンは「2階の卓越主義」という概念を用いて説明します。(『熟議が壊れるとき——民主政と憲法解釈の統治理論』那須耕介編・監訳、勁草書房、2012年)。「2階の」という言葉は、「Second-Order」という英語の訳ですが、きわめて紛らわしいですね。本来は直接(First-Order)ではなく間接(Second-Order)というニュアンスなので、韓国映画のタイトルに倣うわけではないですが、「半地下の」という方がぴったりかもしれません。

エリートという「1階(直接)の卓越者」が住民をリードするのではなく、縁の下の力持ちである「2階の(間接、むしろ半地下の)卓越者」が住民たちのコミュニケーションと場をデザインする。そうすれば、住民が自分たちは導かれているとは感じず、自分たちが主役だと感じ続けます。みんなで話し合って何かを決めたときも、誰かに従った結果だとは感じないから、決めたことがうまくいかなかったら、みんなで修正しようじゃないかという話になります。

これは、サムソ島のハーマンセン氏が強調する「オーナーシップ」に通じます。そう、彼は「自分たちがやった」という意識をオーナーシップと呼んでいます。風力発電を始めると決めたのは自分たちであり、だから、それについての責任も自分たちで負おう、となるのです。

野田 「縁の下の力持ち」というのが鍵ですね。僕自身も経験がありますが、自分で手柄を立てずに相手に渡すことが、ここでとても重要になるのでしょうね。

妥当な結論を導き、「われわれ意識」を生じさせる

宮台　さて、サンスティーンは行動経済学の影響を受けていて、コミュニケーションや場をデザインする際のヒントとして、「ナッジ（nudge）」と呼ばれる仕掛けや手法に着目しています。ナッジとは「ひじで軽く押す」「背中をちょんとつつく」といった意味ですが、行動経済学では「ちょっとしたきっかけを与えて、そこから先は自分でやってもらうこと」を指します。

ナッジを説明するのに、笑える例があります。女性の方はご存じないでしょうが、公衆トイレにある男性用便器の周囲は尿が飛び散って汚れやすい。だから「もう一歩前へ」とか「いつもきれいに使っていただき、ありがとうございます」などと書かれた札が貼ってあります。でも、実証的にはあまり効果がありません。さて、そこに登場するのがナッジです。

外国のある空港で、その種のメッセージを一切掲げずに、便器にハエの絵を描いたところ、便器の周囲が汚れなくなりました。それが業者や役所の界隈で知られた結果、同種の工夫が展開されました。便器に謎の点が描いてあったり、サッカーゴールのミニチュアが設置された例もあります。いずれのパターンでも、男性はその的に向けて小便を命中させようとするので（笑）、便器の周り

は汚れません。

こうした工夫は、世の男性たちに「便器の周りを汚すな」とお願いしたり命令したりしているわけではありません。依頼や命令がなくても、男性たちが便所をきれいに使うという「結果」になることに役立つ刺激が、環境内に設定されていて、男性たちは主体性を奪われることなく（笑）、「適切」に行動できるようになるのです。この刺激がナッジなのですね。

では、共同体自治を確立していくための熟議の場で、ナッジはどのように活かされるのか。先のサンスティーンによれば、ファシリテーションに活かされます。2階（半地下）の卓越者がファシリテーターを務めることで、ナッジ役を果たすのです。ファシリテーターは「座回し役」「場をつくる人」という意味ですが、ここではその役割をもう少し特定的に説明しましょう。

熟議の場で、みんなが互いに仲間になっていない状態では、断言調で極端な意見を話す人がいると「いさぎよさ」や「痛快さ」を感じる人が出てきて、その意見が通りがちになります。つまり、熟議をしないときに比べて、熟議をしたときの方が極端な結論に行き着きやすくなるのです。それが、サンスティーンが言う「熟議による両極化（polarization）」です。

そこで要求されるのが、ファシリテーターです。ファシリテーターは熟議の場では自らの持論を開陳せず、話を聴くことに徹します。加えて、極論や暴論がひとり歩きしないように、ところどころでデータや事実を示したり、不服そうな顔をしているものの発言しない人に「何々さん、どう思いますか」と声をかけたりしながら、場の雰囲気や流れを制御します。

それだけではありません。熟議の場に参加した人たちの中に「仲間意識」や「われわれ意識」が生じるように努めることも、ファシリテーターの重要な役割です。発言の順番次第で、議論がどんどん深まります。発言者たちはみんなのおかげで自分の発言が深まったと感じます。そうして結論に至れば、妥当な結論と同時に、「われわれ意識」も獲得できます。

僕たちが「われわれ意識」を持つのは、「われわれ意識」を持とうとするからではなく、「われわれ意識」を持つのが自然な環境に置かれて育つからです。したがって言葉では「われわれ意識を持つ」と能動態で表現しますが、正確には気がついたら「われわれ意識」が生じているのです。最近流行りの学問の言葉でいえば、中動態です。たとえば「見る」が能動態、「見られる」が受動態、「見える」が中動態です。開かれへの構えがないと訪れない――目を開けないと「見える」こともない――という意味で、「中動態≒能動的受動」だと言えます。

そうした「気がついたらわれわれ意識が生じていた」という体験を熟議の参加者が持ち帰れるような環境づくりを目標に、さまざまなナッジ（促し）を用いてファシリテーションすることが「2階（半地下）の卓越者」の役目です。政治学者ジェイムズ・フィシュキンも、熟議に望むべき機能は、過激すぎない妥当な結論を導き出すことと同時に、熟議によって、熟議の前提である「仲間意識」や「われわれ意識」を生み出すことだと指摘しています（『人々の声が響き合うとき　熟議空間と民主

主義』曽根泰教監修・岩木貴子訳、早川書房、2011年)。

みんなにナッジを示し、巻き込み、エンパワーし、「これを決めたのは自分たちだ」と体験してもらえるように場づくりする点で、ファシリテーターは「体験デザイナー」だと言えます。実は、ここでレクチャーしている僕のような教員も、映画や番組の製作者も、建築家や都市計画家も、潜在的に体験をデザインしています。そのことを自覚することが大切です。いずれにせよ、妥当な決定を導くだけでなく、その決定をオーナーシップがともなう形で体験できるように、「われわれ意識」を醸成する体験デザインの営みが、重要になるのです。

ファシリテーターを大規模に養成する

野田 ところで、みなさんはアメリカ西海岸のポートランド(オレゴン州)に行かれたことはありますか。エコロジーとスローフード、コンパクトシティを理念として掲げている緑豊かな街で、2013年には全米ベストシティのランキングで第1位に選ばれたこともあります。歩いて暮らせるように設計された正方形の街区、自動車に頼らなくていいように発達した公共交通機関、地産地消を実践するファーマーズマーケットなどがよく知られていて、自転車通勤の割合が全米平均の6倍に達している街でもあります。

このポートランドでは、１９７０年代に当時の市長が自ら2階（半地下）の卓越者の役割を果たして、住民自治を確立していきました。まずは行政ではなく市民が町づくりの主体であるという意識転換を宣言したのです。当時の市長が、かつて市民活動のリーダーであったことが大きく寄与しています。具体的には、市内の各地に「ネイバーフッド・アソシエーション」という自治組織を設け、そこでの決定を行政へと上げていく仕組みを構築してきました。

と同時に、市が力を入れてきたのがファシリテーターの養成です。市が外部のプロフェッショナルを雇って、ファシリテーション技術を持つ職員を育て、住民自治のプロセスをバックアップしてきました。

ただ、ここ数年、ポートランドは名前がやや売れすぎてしまい、各地からさまざまな人が流入してきて人口が65万人に増えたこともあって、かなりランキングが落ちてしまいました。宮台さんがまちづくりに協力している世田谷区も同じような問題を抱えていると聞いています。それは、街の評判を聞いて流入してくる人の中からフリーライダーが出てきてしまうという問題です。さらにポートランドでは、反人種差別デモに起因して暴動がおこるなど、これまでにない混乱が生じています。共同体自治の確立に向けて取り組む際には、進捗と停滞を繰り返しながら、辛抱強く前に進んでいく必要があるのでしょう。

宮台　ここでの問題設定は、「システム世界への過剰な依存を排して、生活世界（共同体）の再生を図る」ために、僕たちが利用しているテックやシステムをデフォルトとしつつ、仲間意識や「われわれ意識」をもう一度取り戻し、みんなで知恵を出し合ってみんなによいものを選んでいく、というものです。まさに「ルソーが理想としていた民主政の本義を再構築するには、どうするか」が問題設定です。

ところが、ここからが問題なのです。ここで必須なのが2階の卓越者の存在なのですが、彼ら彼女らには、これまでのエリートよりもはるかに高い能力が求められるのです。エリートは妥当な意見を述べるだけでいいけれど、ファシリテーターはそうじゃありません。その場にいる誰がどんな感情を抱え、どんな意見を持つのかをたえず推測しつつ、極論を述べる人に対して事前の下調べに基づいたデータを示す、といった営みが必要だからです。

ということは、政策立案能力や演説能力といった従来のエリートに求められる能力を持っているだけでは、ファシリテーターは務まりません。だからファシリテーターになれる人材はきわめて稀少で、ポートランドのように地域全体で養成する必要があります。とはいえ、小さな地域の中でファシリテーターを自給自足するのは困難です。広域の行政機関やＮＰＯ・ＮＧＯ、さらには至善館のような教育機関が、より広い範囲で大規模にファシリテーターを育てなければいけない状況です。

共同体自治の成立条件

野田　みなさん、どう思われますか。

ヤスナガ　共同体自治の確立を目指す熟議の場にも、感情の劣化した人が入ってくることはありえると思うんですが、そういう場合、ファシリテーターはどのように対処したらいいんでしょうか。僕はそういう人には出ていってもらうしかないと思うんですが。

宮台　いい質問です。さっきも話した通り、声がでかいだけの人に議論のイニシアチブを握らせないこと、熟議の場を引き回させないことは、ファシリテーターが最初にやるべきことです。でも、強制的に出ていかせれば、縁の下の力持ちという役どころを超えてしまいます。そうではなく、その人がインフルエンサーにならないように力を奪うことが大事なのです。

しかし、そうすると当然その人は傷つきます。自分が議論をコントロールしたかったのにできなかったことでダメージを受けて、次回からの熟議に参加しなくなるでしょう。僕にもそうした経験が複数あります。でも、それでいい。次回から参加しないのは、その人の主体性ですから。ファシリテーターが退出させるのではなく、自発的に退出してもらうわけです。

もちろん、そういう人が恨みを抱えたまま敵対する状態を放置するのは、状況次第では危険です。その場合、どういうふうにアフターケアをするのかという課題もあります。僕自身はそこまでやりますが、今のところそこまで頭や心を働かせたファシリテーションができる人は正直あまりいないのではないでしょうか。でも、それで構わないと思います。

全員を巻き込むことは、理想ですが、現実的ではありません。山崎亮さんによると、共同体自治に参画してもらえる人は、コミュニティにおいてマックスで全体の2割程度だそうです。最初から関心を持ってくれる人が1割で、それが2割に増えたら大成功。実際、それで地域の雰囲気ががらりと変わるのですね。

ワダ　食やエネルギーの地産地消を梃子にした共同体自治のモデルが成立するのは、ちっちゃい起業家みたいな人がいる地域とか、ある程度、生活に余裕があって教育水準の高い人たちが暮らしている地域ではないのかなという印象を受けたんですが、そのあたりはいかがですか。

宮台　食いつなぐのに精一杯な人々が多数いる場所では、無理です。それは、国全体をどうするかという問題設定が無理である最大の理由でもあります。リソースや条件は地域で違い、できる所とできない所があります。脱原発住民投票で原発立地を退けた日本で唯一のケースである巻町《まきまち》（現・新潟市）で、住民投票を成功させた笹口孝明《ささぐちたかあき》元町長の話をうかがいましたが、巻町が豊かな場所で、「つかみ金に踊らされる貧困層がいなかったこと」がポイントだとのことでした。

テクノロジーも大事で、食の共同体自治を実現するためにはインターネットが不可欠ですし、エネルギーの共同体自治にはスマートメーターが不可欠です。こうしたテックを縦横無尽に使いこなせる方々がどれだけいるかということも、大きな要素です。たとえば、演劇によるまちおこしに成功した豊岡市（兵庫県）では、人のコネクションがあったおかげで、携帯電話会社の技術者たちが多数入って、大規模な国際演劇祭をＩＴで支えたことが大きかったのです。

ミメーシスを惹起する

野田　最後に、２階（半地下）の卓越者に求められる資質について話を掘り下げていきたいと思います。宮台さん、いかがでしょうか。

宮台　ここでキーワードとなるのは「ミメーシス（感染的模倣）」の概念です。ミメーシスはもともとギリシャ語で、人が他者の振る舞いに対して感動や共感をおぼえ、内側からわき上がる衝動に従って同じ行動を取ろうとすることを意味します。そうしたミメーシスを惹起《じゃっき》する力、「この人みたいな人間になりたい」と人々に思わせる力を持つことも、２階（半地下）の卓越者としての資質につながります。

トンガやサモアなどのポリネシア地域には「トーキングチーフ」と呼ばれる人が共同体にいて、人々が集まって何かを決めるときに大切な役割を果たします。たとえば、人々は3日3晩かけて話し合うのですが、トーキングチーフはみんなの意見を公平に聞き、最後に「みんなの言うことはすべて聞いた。みんなが言うことはよくわかった。だから、私はこうしようと思うが、どうだろうか」というふうに告げるのです。

トーキングチーフがそう告げると、人々は「確かにこれがみんなの意見だな」というふうに体験できるのです。これは、ルソーの言うところの「一般意志」に当たります。トーキングチーフが告知するのは、みんなの意志を集計した最大公約数的な意見でも、多数決的な意見でもありません。しかしトーキングチーフの意見が、みんなの意見である一般意志だというふうに信じられるから、誰もがそれに従うわけです。

なぜ、トーキングチーフの発話が、みんなの意見だと感じられるのか。いくつかの条件がありますが、重要なことは、本人がみんなから「この人は立派な人間である」と信頼されていて、彼の発話行為にミメーシスが生じるということです。つまり、ミメーシスを起こせる人とは、端的に申し上げれば「立派な人」だということです。立派な人がファシリテーターであることが大切です。

むろん、すでに話したように、2階（半地下）の卓越者は、トーキングチーフと違って自ら一般意志の告知はしません。しかし、熟議の場で導き出された結論に、みんなに納得してもらう必要がある点では、トーキングチーフと等価な役割を担います。2階（半地下）の卓越者が熟議の場で妥当な結論だとみんなが感じるものを導き出せるのも、トーキングチーフが一般意志を告げることができるのも、人々から「立派な人だ」と信頼されているからです。ファシリテーターが損得野郎だと思われていたら、形の上では同じことをしても、場を引き回しているように見えて、熟議は失敗します。

では「立派な人」の要件は何でしょうか。それは、利他的、倫理的であることです。人は利己的な人やあさましい人に感染しないということは、実験心理学の研究データからわかっています。ミメーシスは、利他的・倫理的な人のみが惹起することができます。その利他的・倫理的な人も、周囲に利他的・倫理的なロールモデルが存在して、ミメーシスが惹起されてきた経験があるからです。

生きている世界は違っていてもつながれる

野田　長いようで、あっという間に過ぎた講義でした。

社会学は個別の社会を分析対象とする学問ですので、この講義では、主として日本社会の現状と課題について見てきました。また、社会学は西洋近代に興って発展してきたため、その学問的枠組みを用いた分析と洞察が適しているのは、欧米諸国、あるいは日本を含む民主主義国家です。したがって、中国文明やイスラム文明の影響を強く受けている社会の現状や課題を洞察するにあたっては、おのずと制約や限界があります。

しかし、グローバル化や科学技術の発達がそれらの社会にもたらす大きな変化について考えるうえでは、僕らが取り上げた社会システム理論は一定の有効な視点をもたらしてくれます。特に、生活世界とシステム世界の対比は、社会と人間関係、さらには人間存在のあり方についての理論的な枠組みを提供するもので、ユニバーサルに有効なものでしょう。

また、郊外化、システム世界の全域化、マクドナルド化とディズニーランド化、テックの神格化といった日本や他の先進国がたどってきた社会変容は、政治体制や文化的背景が異なる新興国や途上国においても、程度の差こそあれ、必ず起きうると思います。したがって将来、新興国や途上国の人たちが、人間関係の空洞化や「われわれ意識」の希薄化とどう向き合うべきかを考える際には、先進諸国の現在の姿が反面教師、正面教師となることでしょう。

至善館では、リベラルアーツを教養として教える意図はありません。むしろリベラルアーツこそが、未来を洞察する技術、人間存在を理解する技術であり、ポール・ゴーギャンが名画を通じて提示した「我々はどこから来たのか　我々は何者か　我々はどこへ行くのか」という問いかけに、リーダーとして真正面から向き合うために不可欠な教育アプローチです。このことも、この講義を通じて体感いただけたのであればうれしく思います。
最後に宮台さんからのメッセージで、講義を終了しましょう。

宮台　世界から学生のみなさんが集まっているのが、至善館での学びの醍醐味です。また、至善館は、ビジネスセクターだけでなく、行政や市民セクターなどバックグランドが異なる学生を意図して受け入れているため、ここにおられるみなさんが生きてこられた社会は、それぞれだいぶ異なっていると思います。しかし、現実の世界ではそれがまさにデフォルトです。生きている世界が違うからつながれないというふうに思ってしまったら、そこから先には一歩も進めなくなります。

いくつかの例で話したように、僕たちには互いにつながれる一定の可能性がゲノム的に埋め込まれています。その可能性をどうすれば引き出して活かせるのか。それはゲノムの問題ではなく、社会の問題です。人々が主体性を失わず、よりよい未来に向けて前に進んでいく力を、どうすれば生み出し続けられるか。そうした視点が、世界のどこにおいても、あるいは、みなさんが企業幹部・行政官・社会起業家・NPO幹部・政治家のいずれになる場合も、重要になります。

経験してきた場、これから進もうとしている場は、それぞれ違います。それなのにこんなに自由闊達に議論し合えたことは（注：この本に収録された質疑は実際のごく一部）、福音です。同じ時代を生きる、地球の生き物の一員として、社会の一員として、何より一人の人間として、立ち向かっていくべき課題は同じなのだと考えてほしいと願っています。

もう一つ、これから経済的に豊かになろうとしている国から来られている方々は、「経済的に豊かになってもこんなに不幸が広がっている」というこのレクチャーの語りに、かなり抵抗感をおぼえるでしょう。でも、僕たちがあえてそれを強調するのは、たとえ経済的に豊かになるにしても、僕たちと同じ道を歩んでほしくないと強く願うからです。つまり、避けるべき悪い道と、悪い道を避ける知恵を、お伝えしようとしたのだとご理解いただければ幸いです。

この講義の最後の最後に、お伝えしておきたい言葉があります。

「ミメーシスを起こす人間たれ」

これが僕たちからみなさんへのメッセージです。権力をベースにトップダウンで命令を下すのではなく、人々の信頼を得て共同体自治の確立に向けて人々をエンパワーするリーダー。利他的・倫理的で、周囲から「こんな人になってみたい」と憧れられるリーダー。そんなリーダーにみなさんになっていただきたいという僕たちの願いを込めた言葉です。

ありがとうございました。

第8章のまとめ

本書を通じて、僕らは社会が抱える構造的問題と向き合ってきた。構造的問題の解決は容易ではない。明確な悪役が存在しないため、悪役に対する抵抗のエネルギーを動員して一気に社会を変えるという革命を起こすことがかなわない。また、問題を生み出しているのが「安全・快適・便利」を欲求するわれわれ自身であるだけに、人間の存在そのものに向き合わないといけない。社会は思ったようには変わらないものだ。

では、どうすればいいだろう。

社会学では、社会を一気に変えようとするのではなく、漸進的な変化による現実的な処方箋を考える。政府や市場を否定することなく、中間集団の（再）構築に解を見いだそうとする。この最終章で提示した僕らの処方箋――システム世界やテックと共存しながら、食やエネルギーの地産地消を梃子に共同体自治を確立し、小さいユニットから「われわれ意識」を取り戻すという提案に耳を傾けていただけば、社会学のアプローチとは何たるかが、より深く理解いただけるのではないかと思う。

もちろん、この処方箋はけっして万能ではない。一部の条件に恵まれた地域でしか実現できないかもしれない。しかもその実現に向けては、「2階（半地下）の卓越者」と僕らが呼ぶ「立派な」リーダーの存在が不可欠だ。そしてそうしたリーダーは、残念ながらきわめて少ないのが現実だ。

だが、僕らは挑戦をあきらめない。

新約聖書ヨハネによる福音書に、「光はやみの中に輝いている。そして、やみはこれに勝たなかった」という言葉がある（第1章5節）。

汎システム化に歯止めがかからない中、共同体の空洞化や人間関係の損得化が進んでいく。かつてのコミューナルな生活世界を知る僕らから見れば、もはや社会は殺伐たる荒れ野だ。しかし、光は闇の中でこそ輝く。

本書が、未来に希望の光を灯し続けんと荒野を歩く人たちのコンパスと心の拠りどころに多少なりともなれば、幸いである。

エピローグ

天才・宮台真司の絶望と希望

――野田智義

――宮台真司は天才だ。

これまでに僕は、マサチューセッツ工科大学（ＭＩＴ）やハーバード大学をはじめとする世界各地の大学で多くの研究者たちと知り合い、議論を交わしてきたが、彼ほどの天才に出会う機会は滅多になかった。とてもじゃないが歯が立たないし、自分が同じ分野の学者でなくてよかったと心の底から思う。もし僕が社会学者だったら、モーツァルトに嫉妬したサリエリのようになっていたかもしれない。

そんな彼と初めて会ったのは２００３年の暮れだった。日本ＩＢＭが有識者を集めて主催する「比叡会議」に向かうバスの中、一つ後ろの座席に脇目も振らず必死の面持ちでパソコンに向かう男がいた。それが、その日の会議でスピーカーを務めることになっていた宮台真司で、いつも仕事に追われている彼はラストミニッツでプレゼン資料を用意していたのだった。

彼の講演が始まってすぐに僕は魅了された。社会という複雑な現象を、過去・現在・未来を行き来しつつ、それも日本とアメリカとヨーロッパを比較しながら、こんなにも縦横無尽、かつ論理立てて話せる学者が日本にいるのか。自分自身、経営学者として世界を渡り歩いてきたという自負があっただけに驚愕した。

東京に戻ってすぐ、僕は彼の著作を読み漁るとともに、自身が主宰する経営リーダー塾アイ・エス・エル（ＩＳＬ）に招待した。それから僕らの20年に及ぶ親交が始まった。

——宮台真司は色物だ。

理論家としては天才なのに、すぐに脱線する。ヤクザだの、性愛だの、政治だのといった猥雑な現実とその背後にある人間存在に夢中になってしまう。ときには研究者としての領域を逸脱し、アンダーグラウンドの享楽と怪しさに引き込まれていく。

かつて世間では、彼は援助交際を広めた張本人だと思われていたそうだし、１９９０年代には、「ブルセラ学者」として金髪にブルーのコンタクトをつけて『朝まで生テレビ！』に出演し、援交少女たちを擁護していたと聞く。その頃の彼の振る舞いを、海外で暮らしていた僕はまったく知らないが、もし知っていたら、ここまで深くつき合うことはなかったかもしれない。

——宮台真司はロマンティストだ。

宮台真司は、社会をよくしたいという使命感に駆られるロマン派の革命家だ。だが、革命家としての彼は、この20年、絶望を味わい続けてきた。

僕が知り合う前の彼は援交少女に未来を託そうとしていた。地域社会や家庭や学校といった軛《くびき》から解き放たれ、自由に生きようとする彼女たちの姿に、汎システム化に抗う主体性を持った個人の存在を見いだしていたのだろう。主体性を持ってシステムに抗う個人とは、本書で扱った映画『マトリックス』のモチーフでもある。

だが、自由に見えた少女たちが次第に孤立し、精神的に病んでいく様子を見て、彼は絶望し、心を変えた。

「個人はもともと弱い。だから個人を包摂するホームベース（共同体）が必要なのだ」という彼の主張は、そうした痛みをともなう経験から導かれた結論であるように思えてならない。

比叡山で出会った頃の彼は、このホームベースは保持しうるという確信に満ちていた。システム世界の全域化を徹底するアメリカ的アプローチではなく、システム世界の全域化に抗うヨーロッパ的アプローチこそが、未来に向けた処方箋になりうると信じて疑っていなかったと思う。

僕自身も、アメリカでの学究生活をへてフランスのフォンテンブローという町（パリからA6というハイウェイで約40分南下した辺り）に住んでいた頃に、ヨーロッパ的アプローチの一端を垣間見た。町では、午後2時半から7時半まではすべてのレストランが閉まってしまい、周囲にはファストフード店もコンビニエンスストアもない。うっかりしていてランチにありつけなかった経験も何度もした。不便極まりないが、誰もなんとも思わない。大陸ヨーロッパには、アメリカと違って、便利さや快適さを犠牲にしてでも生活世界を保持する決意と矜持《きょうじ》があると感じていたし、宮台真司が主張する処方箋にも共感をおぼえた。

その後、彼は、ブッシュ・ジュニアが主導するアメリカ一国主義にどう抗うかというテーマにも関心を向け始めた。『ドラえもん』に出てくる「ケンカは強いが頭は弱いジャイアン」のようなアメリカに、その属州となり果てた日本はどう対峙すべきなのか。それが最大の関心事だった時期もあった。対米従属路線を堅持しようする人たちに向けて、「アメリカのケツ舐め野郎」といった過激な（下品な）言葉を連発していた頃だ。

直接議論したことはないが、当時の彼にとってのロールモデルは、ブレア政権時代のイギリスが社会学者アンソニー・ギデンズ指南のもとで目指そうとした「第3の道」や、北欧型の福祉国家、あるいはアイスランドの国民会議（集会）のような政治社会体制だったように思う。フランスに住む前はイギリスで暮らし、デンマークでも客員教授として10年にわたって教鞭を執っていた僕は、その方向性にも共感するところが多かった。

そうした中、彼の新たな希望となったのが、２００９年に自公連立政権を破って誕生した旧民主党政権だった。同党中枢人材のブレーンとなった彼は、熟議と参加による地方と民主主義の再生や欧州的な社会民主主義の確立に可能性を感じているように見えた。

――宮台真司は挫折を繰り返す。

民主党政権の挫折、さらには汎システム化に抗っていたはずのヨーロッパの変身が、ロマンティストの革命家を再び絶望させた。

同じ時期、久しぶりにフォンテンブローを訪れた僕も、その変容ぶりに愕然としたのをおぼえている。町の通りにはいつの間にかチェーン店が進出し、午後の遅い時間でも食事ができる場所がいくつもあった。「安全・快適・便利」を求める欲望は、あの誇り高きフランス人の生活まで変えてしまう。それがシステム世界の全域化なのだと思い知らされたし、宮台真司の絶望感が身に染みた。

国家レベルでのマクロからの社会変革という夢に破れて以降、宮台真司は原発停止を求める住民運動や世田谷区の地域再生運動といったミクロからの挑戦に活路を求めていく。この処方箋は、システムを活用しながら(疑似)共同体自治を再構築していくというユルゲン・ハーバーマスの理論とシンクロしている。「2階(半地下)の卓越者」やファシリテーター、座回し役といったコンセプトに重きが置かれているのは、行動派社会学者としての彼が現場での実感に即して導き出した理論的帰結だ。

奇しくも僕自身、3・11以降に、釜石、大船渡、気仙沼、福島などでの復興支援活動を通じて、この処方箋とコンセプトの重要性を体感し続けた。僕の場合は、とりわけポートフンドの地域再生に向けた挑戦に関心を抱き、気仙沼市長とともに視察団を編成して現地を訪れるなどして、住民参加による草の根民主主義の実態や体制を学んだ。視察後は、東北における食やエネルギーを梃子にした共同体自治の可能性を模索した。

──宮台真司はときに迷走する。

時代はさらに変化する。インターネットやAIといったテクノロジーの急速な進展は、社会だけでなく、人間関係の変化を引き起こし、僕らの世代とは違った感情の働きを示す若者が大量に生産されるようになった。

その様子を目の当たりにした宮台真司の苦悩はさらに進行した。社会が混乱しているなら、いっそのこと、その混乱に乗じてテックによる統治を実現させる方が、正しいかどうかは別にして、解として現実的ではないのか。そんな新反動主義者や加速主義者の思想に、半ば嫌悪感をおぼえながらも、半ば共鳴する彼を目撃し、その苦悩の深さを僕は衝撃とともに受け止めた。

ところが、2020年に始まったコロナ禍のさなか、彼はいま一度、日本社会に希望を抱き始めた。理由は『劇場版「鬼滅の刃」無限列車編』(外崎春雄監督、2020年)の大ヒットだった。煉獄《れんごく》杏寿郎《きょうじゅろう》というキャラクターに彼はミメーシス(感染的模倣)を惹起する力を感じ取ったのだ。損得勘定など一切関係なく、義のため、人のために命を捨てる鬼殺隊《きさつたい》の柱、その生き様に涙を流し、興行収入記録を塗り替えるまでに映画館に足を運ぶ人々、とりわけ若い世代と子どもたちに大きな期待を寄せている。

あれほど深く絶望していたのに、一転して未来への希望を夢心地で語りだす。そんな能天気な宮台真司がいる。

宮台真司は天才で、色物で、ロマンティストだ。絶望と希望の間を行ったり来たりする。世間からは称賛を受けるとともに誤解され、ときに非難を浴びる。過激な言葉を平気で口にし、人間に対する行き過ぎなくらいの攻撃心を隠そうとしない一方で、菩薩のようなまなざしを人々に注ぐこともある(本人はキリスト教徒なのだが)。

どちらが本当の姿なのかは僕にもわからないが、特に子どもが生まれてからの彼は、天使の表情を見せることが多くなりつつある。その著書『子育て指南書 ウンコのおじさん』(ジャパンマシニスト社、2017年)でも紹介されている身体性をともなった人間教育は、自然とのふれ合いを通じて子どもたちに人間性を埋め込み、2階(半地下)の卓越者を育てようという、社会学者であり社会運動家でもある彼の実践にほかならない。

――社会という荒野を仲間とともに歩く。

プロローグのタイトルにしたこの言葉は、社会学者・宮台真司、そして僕らの挑戦である。社会が荒野？　どうして？　バカを言っちゃいけない。安全・快適・便利な社会の何が悪い。平成に生まれ令和を生きる若い世代からは、そんな疑問や反発が投げかけられるかもしれない。無理もない。昭和の生活世界の記憶を持たない人たち、システム世界が全域化した社会で生まれ育った人たちにとっては、僕らの不安や懸念は理解不可能なものかもしれない。

宮台真司と出会ってから20年、僕はいつもケンカ腰で彼に議論を挑んできた。常に論点の一つとなったのは、昭和生まれの僕らが社会の未来を描き、次世代の人たちに対して行う教育の正当性だった。結局のところ、僕らの主張は『ALWAYS 三丁目の夕日』世代の遠吠えでしかないのではないかという疑問を、僕自身なかなか拭えなかった。本書を読まれた方の中にもそんなふうに感じた人がいるだろう。

確かに僕と宮台真司はともに還暦を過ぎた同い年だ。そのうえ偶然にも僕らは少年時代を京都・山科という同じ空間で過ごしている。彼は安朱小学校、僕は隣の校区の音羽小学校の出身だ。２人とも、今では禁止されてしまった疎水での水遊びや打ち上げ花火の水平打ちを体験し、うっとうしい人間関係にうんざりしながらも、ナナメの関係にあった近所のおせっかいオジサン・オバサンのお世話になって育った。そんなノスタルジーを抱く2人が、令和の時代に、社会の未来を描く教科書を世に送り出してどうするのだと批判する人もきっといるだろう。

だが、教育の本質とはそういうものではないかと思う。

教育とは、親から子どもへ、現在の世代から次の世代への〈願いの伝承〉に似ている。宮台真司とはまだ合意していないものの、これが、20年の葛藤をへて僕が自分なりにたどり着いた結論だ。生活世界の残り香をかぎ、そこにかすかな希望を感じる僕らは、自身の価値観に基づいて共同体や人間関係のあるべき姿や潜在力を次の世代に伝える。押しつけるのではけっしてない。そもそも押しつけられるものでもない。次代の人たちにどのような社会が望ましいのかを問い、考えてもらうのだ。と同時にロールモデルを示して、彼ら彼女らのゲノム的な本性を呼びさまそうと努める。どこまで反応してくれるかは正直わからないし、不可逆的な流れに逆らおうとしても無駄骨に終わるかもしれない。

かくすれば　かくなるものとしりながら　やむにやまれぬやまとだましひ

そう和歌に詠んだのは吉田松陰だった。僕らのやろうとしていることも所詮、はかない抗いの一つにすぎないのかもしれない。

でもこの、無理であろうと半ば思っているがゆえにあえてコミットするという行為こそが、宮台真司と僕にとっての「社会という荒野を仲間とともに歩く」という挑戦なのだろう。

本書を手に取ってくれた読者の中から、僕らに加わってくれる仲間が現れることを、祈ってやまない。

あとがき

宮台真司

野田智義さんとともに歩き始めてから、20年弱の歳月が流れようとしている。京都市のある会議で、本書のベースになる講演をしたとき、そこに野田さんがおられた。２００３年に出会った後、彼の主宰するアイ・エス・エル（ＩＳＬ）に講師として招かれ、２０１８年からは、新たに開学した大学院大学至善館でも特任教授を務めることになった。

経営リーダー人材を養成するこれら二つの教育機関で、僕たちは「社会システムの理論と人間存在の未来」と題する科目をつくり込んできた。基本は僕が本務校の東京都立大学の講義「社会学原論」で長年語ってきたことだが、野田さんとの対話を通じて、年ごとに強力にリファインされてきた。

僕は理論や数理が学問の出発点だが、学問のための学問が嫌いで、常に新たな分野に踏み込み、学問的最先端の探求と実践的な政策提言を目指してきた。幾つかの問題ではアクティヴィストとして活動してきた。僕の社会学者としての矜持は、ダメになりつつある社会を立て直す「世直し」にあり、そのための俯瞰図と行動指針を描くことが僕の役割だと信じてきた。

講義はそうした立場から行われてきたもので、当初から世直しに役立つたくさんの学問的命題が詰め込まれていたが、直観的にはつながっていても論理的接続が不明確なところがあった。長年のリファインを経て、全体の構成が揺るぎないものになってきた3年ほど前から、野田さんが繰り返し「教科書に仕上げてほしい」とおっしゃるようになって、本書が実った。

当然すぎるが、社会の変革は一人ではできない。問題意識を共有する仲間が絶対的に必要だし、社会変革の設計図をより多くの人たちに広めていくこともたいせつである。そのことを、大学時代・大学院時代にお世話になった哲学者の廣松渉先生と社会学者の小室直樹先生から、繰り返し伝えられてきた。この教科書ではその教え通りのことが企図されている。

社会のあり方は、政治や経済や科学技術と密接に関連する。かつて主権国家の中に閉じているように見えた社会も、システム化を通じて、今は誰が見ても地球規模でつながっている。その社会は人から構成されているように見えて、実際は人が社会に操縦されているので、人の主観的な視座を頼っても、変革の元になるソーシャルデザインを提供することはできない。

だから、社会学の視座、経済学の視座、政治学の視座、心理学の視座、人類学の視座、生物学の視座、物理学の視座などを輻輳《ふくそう》させた、視座の多様性が不可欠になる。多様性（ダイバーシティ）の大事さが強調される昨今だが、空間に多様な人がいるだけでは多様性を意味しない。多様性の本質は、人々が多様な視座を取れて、衝突しつつも理解するところにある。

その意味で、社会は「複雑である」のではなく、「複雑でなければならない」。そうした複雑さを真正面から扱い、社会の課題解決と未来創造に挑もうと万人に呼び掛ける書物は、残念ながら世界にもあまり例がない。野田さんからの依頼は、アイ・エス・エルや至善館の設立趣旨に沿いつつ、その趣旨を超えてもいて、その意味は僕自身痛いほどわかった。

社会の荒廃は、失敗や事故ではなく、ひとつの自然過程として今後も進むだろう。そのことを覚醒した意識で理解しつつ、それでも多くの人たちがしあわせに生きられる方途を摸索せねばならない。その摸索の内容を、学者（の卵）だけでなく、とりわけ学問的命題に触れる機会がとぼしいビジネスパーソンに広く知ってほしいという思いが、次第に募ってきた。

そこで、このたび至善館講義録シリーズの第一弾として誕生したのが本書だ。野田さんがプロローグで述べるように、至善館ではリベラルアーツを日本語でいう教養としては位置づけない。今後の経営リーダーに不可欠な視座を価値観込みで獲得する科目として教えている。ちなみに、教養という原語（ドイツ語）の原義は、異質なものと衝突することによる成長だ。

それはこの講義でも変わらない。社会学の理論や知見を単に伝授するのではない。学生それぞれが、社会の変化が人間存在に現に与えている影響について考え、未来に展開するであろう自然過程を洞察し、それを踏まえて新たな社会の構築に向けた処方箋を構想する。そして、その処方箋を実践していくうえでのビジネスリーダーの役割について考えるのである。

リーダーという言葉を聞いて不愉快になる人もいよう。ここで言うリーダーは、誰もが想像するような「上から目線のエリート」のことではない。そのことは本書の最後の方で詳しく論じているが、現状と未来を踏まえれば「上から目線のエリート」にできることは、ない。同格の仲間をつくり、互いに巻き込み合い、ともに前に進む存在が、ここで言うリーダーだ。

その講義を、質疑応答やディスカッションの模様も交えて、うまく再現したのが本書だ。だから、ビジネスパーソンの方々こそ手に取ってほしい。僕と野田さんがコラボするのは、「同格の仲間をつくり、互いに巻き込み合い、ともに前に進む存在」の稀有な一例を示したいからだ。世界各地から集まった学生たちとともに展開する議論を通して、気付きを得てほしい。

他の学問領域と同様、社会学でも近年はタコツボ化がはびこり、ごく限られた領域の現象をいたずらに追う研究ばかりが目立つ。社会全体を俯瞰的にとらえる骨太な研究が見られなくなって久しい。その意味で本書は、ビジネスパーソンだけでなく、若き学問の徒にも向けられている。喫緊の課題に応えることと、学問的深淵を覗き込むことは、少しも矛盾しない。

なお至善館では英語による講義も僕と野田さんで行っており、本書の英語版の出版も予定されている。これは、「人が主人公として生きられる社会」を取り戻すという挑戦を世界に広げていく第一歩となるだろう。ただし、それは人間中心主義のことではない。僕のスローガンで言えば、「人間中心主義の非人間性」と「脱人間中心主義の人間性」を実践的に訴えていくことに相当する。

本書のベースになった科目「社会システムの理論と人間存在の未来」は、基本的な枠組みを20年近く維持しつつも、野田さんと相談しながら毎年コンテンツを入れ替え、議論の進め方を大きく変えてきた。だから、十数年前に僕たちの講義を受けた人が、２０２１年版講義を中心に構成した本書を読めば、内容の進化と深化に驚くに違いない。なお、本書のディスカッションや質疑応答に登場する受講生の名前は仮名での掲載とさせていただいた。受講生との活発なディスカッションに触発され、議論が深まった部分も多くあった。

講義の内容は今後も毎年アップデートされていく。だから最新版の全体像を知りたい読者はぜひとも至善館の門を叩いてほしい。なお至善館では、ほかにも宗教社会学（橋爪大三郎教授）や近代哲学（竹田青嗣教授）などのリベラルアーツをリーダー教育に取り入れている。「宗教社会学から世界の多様性を読み解く」、「近代哲学から資本主義の未来を展望する」といった、至善館独自の科目についても講義録の書籍化が準備されていることを、併せてお知らせしておく。

この本は講義録で、僕のこれまでの書物とはトーンが違う。野田さんと一緒に講義を構成し、その提案を積極的に取り入れてきた。だから理論家としての僕からすると、簡潔に言い過ぎたこと、書き足りないことがかなりある。だが、すでに示した講義の目的を優先し、今回は目をつむる。これを機に厳密に理解したい向きは、僕の他の書物を手にとってほしい。

最後に、本書の実現にあたってお世話になった人たちに感謝の念を伝えたい。

書籍化にあたっては、何よりも、古谷俊勝さんに最大の尽力をいただいた。古谷さんは、光文社の役員でありながら本書の意義に深い理解と関心を示し、自ら編集企画を買って出ていただき、予定スケジュールに遅れ続ける僕と野田さんに辛抱強く接していただいた。福田恭子さんは、古谷さんを補佐いただき、僕らのときどき脱線する講義を、わかりやすく全体校正していただいた。実際に本の形で世に送り出すに際しては、光文社ノンフィクション編集部の樋口健さん、杉本洋樹さんをはじめとする同社のみなさんにご尽力をいただいた。そして何より、ライターの秋山基さんには、ライターという役割をはるかに超えて、映像素材を駆使した講義を十分な臨場感をもって体験できる書籍として再構成し補強いただいた。秋山さんがいなければこの本はまったく違ったものになっていただろう。心からの感謝を申し上げたい。

書籍化に先立っての講義の企画実施にあたっては、野田さんの右腕的存在である至善館事務局の栗島正和さんと伏木洋平さんに献身的なサポートをいただいた。2人は、講義を補足する統計データや映像素材を発掘し、整然としたスライドや資料に落としてくれた。彼らがいなければ、僕らの展開する主張はこれほど充実したものになっていなかっただろう。野田さんと僕との白熱した議論に長年つきあってくれた彼らは、博士課程に在籍するそこらの院生よりも、社会という荒野と向き合う視座と知見を得ている。

大変悔しいことに、この原稿の最終チェックをしていた令和3年（2021年）11月5日、栗島さんは、37歳の若さで天国に旅立った。奥さんと7歳の娘さんを置いて、さぞかし心残りだったろう。残念でならない。栗島さんは大学院大学至善館の事務局長で、至善館を世界一の教育機関にするんだという夢を病床にあっても語り続けていた。彼がいなければ、この本はもちろんのこと、至善館自体も存在していなかったろう。深い感謝と追悼の意を込めて、記念すべき至善館講義シリーズの第一弾である本書を、僕と野田さん、そして伏木さんとで、栗島正和さんに捧げる。

2022年1月

❖映画

プロローグ

『モダン・タイムス』(チャールズ・チャップリン監督、1936年)

第1章

『ダーウィンの悪夢』(フーベルト・ザウパー監督、2004年)

第2章

『こころの湯』(チャン・ヤン監督、1999年)
『ALWAYS 三丁目の夕日』(山崎貴監督、2005年)

第5章

『マトリックス』(ラリー・ウォシャウスキー／アンディ・ウォシャウスキー監督、1999年)
『ランク社会』(「ブラックミラー」シーズン3 第1話、ジョー・ライト監督、2016年)

第6章

『コングレス未来学会議』(アリ・フォルマン監督、2013年)
『エリジウム』(ニール・ブロムカンプ監督、2013年)

第7章

『幸せの経済学』(原題:The Economics of Happiness、ヘレナ・ノーバーグ=ホッジ監督、2010年)
『アバター』(ジェームズ・キャメロン監督、2009年)
『レディ・プレイヤー1』(スティーブン・スピルバーグ監督、2018年)
『劇場版 ファイナルファンタジー XIV 光のお父さん』(野口照夫／山本清史監督、2019年)

エピローグ

『劇場版「鬼滅の刃」無限列車編』(外崎春雄監督、2020年)

上・下、ちくま学芸文庫、2018年、など）
J・D・デビッドソン／ウィリアム・リース＝モッグ『The Sovereign Individual』（James Dale Davidson and Lord William Rees-Mogg, "The Sovereign Individual: Mastering the Transition to the Information Age", Macmillan, 1997. 未邦訳）
ジョー・カーク／パトリ・フリードマン『Seasteading』（Joe Quirk and Patri Friedman,"Seasteading: How Floating Nations Will Restore the Environment, Enrich the Poor, Cure the Sick, and Liberate Humanity from Politicians", Free Press, 2017. 未邦訳）

第7章

マイケル・サンデル『これからの「正義」の話をしよう』（原著2009年、邦訳は鬼澤忍訳、2010年、早川書房[ハヤカワ・ノンフィクション文庫、2011年]）
アリストテレス『ニコマコス倫理学』（邦訳はたとえば、渡辺邦夫・立花幸司訳『ニコマコス倫理学』上・下、光文社古典新訳文庫、2015年、など）
『聖書』（代表的なものとしては、新共同訳、日本聖書協会、1987年。または、聖書協会共同訳、日本聖書協会、2018年、など）
吉本隆明『「反核」異論』（深夜叢書社、1983年）
エドゥアルド・ヴィヴェイロス・デ・カストロ『インディオの気まぐれな魂』（原著2011年、邦訳は近藤宏・里見龍樹訳、水声社、2015年）
ユルゲン・ハーバーマス『人間の将来とバイオエシックス』（原著2001年、邦訳は三島憲一訳、法政大学出版局、2004年）
手塚治虫『鉄腕アトム』（「少年」［光文社］1952年4月号〜68年3月号に連載、現在は、『鉄腕アトム』1〜9、講談社・手塚治虫文庫全集など）
手塚治虫『火の鳥　未来編』（「COM」［虫プロ商事］1967年12月号〜68年9月号に連載、現在は、『火の鳥　2（未来編）』角川文庫、2018年などに収録）

第8章

アンソニー・ギデンズ『第三の道——効率と公正の新たな同盟』（原著1998年、邦訳は佐和隆光訳、日本経済新聞社、1999年）
ニクラス・ルーマン／ユルゲン・ハーバーマス『批判理論と社会システム理論　ハーバーマス＝ルーマン論争』（原著1971年、邦訳は佐藤 嘉一ほか訳、木鐸社、1984年）
ユルゲン・ハーバーマス『コミュニケイション的行為の理論　上・中・下』（原著1981年、邦訳は河上倫逸・平井俊彦ほか訳、未来社、1985/86/87年）
キャス・サンスティーン『熟議が壊れるとき——民主政と憲法解釈の統治理論』（原著1999〜2008年、那須耕介編・監訳、勁草書房、2012年）
ジェイムズ・フィシュキン『人々の声が響き合うとき　熟議空間と民主主義』（原著2009年、邦訳は曽根泰教監修、岩木貴子訳、早川書房、2011年）

エピローグ

宮台真司／岡崎勝／尹雄大『子育て指南書 ウンコのおじさん』（ジャパンマシニスト社、2017年）

文献・映画リスト

❖書籍

第1章

スーザン・ジョージ『なぜ世界の半分が飢えるのか』（原著1977年、邦訳は小南祐一郎・谷口真里子訳、朝日新聞社、1980年［朝日選書、1984年］）

第2章

ロバート・D・パットナム『孤独なボウリング——米国コミュニティの崩壊と再生』（原著2002年、邦訳は柴内康文訳、柏書房、2006年）

宮台真司『14歳からの社会学』（世界文化社、2008年［ちくま文庫、2013年］）

ユルゲン・ハーバーマス『公共性の構造転換（第2版）』（原著初版1962年、邦訳は細谷貞雄・山田正行訳、未来社、1994年）

第3章

福武直『日本の農村』（東京大学出版会、1971年）

第5章

ルソー『社会契約論』（原著1762年、邦訳はたとえば、桑原武夫・前川貞次郎訳、岩波文庫、1954年、など）

アダム・スミス『諸国民の富（国富論）』（原著1776年、邦訳はたとえば、水田洋監訳・杉山忠平訳『国富論』一〜四、岩波文庫、2000年、など）

アダム・スミス『道徳感情論』（原著1759年、邦訳はたとえば、水田洋訳『道徳感情論』上・下、岩波文庫、2003年、など）

ケネス・シーヴ／デイヴィッド・スタサヴェージ『金持ち課税——税の公正をめぐる経済史』（原著2016年、邦訳は立木勝訳、みすず書房、2018年）

アンソニー・ギデンズ『社会の構成』（原著1984年、邦訳は門田健一訳、勁草書房、2015年）

レベッカ・ソルニット『災害ユートピア』（原著2009年、邦訳は高月園子訳、亜紀書房、2010年）

第6章

ローレンス・レッシグ『CODE——インターネットの合法・違法・プライバシー』（原著2000年、邦訳は山形浩生・柏木亮二訳、翔泳社、2001年）

ジョージ・リッツァ『マクドナルド化する社会』（原著［改訂版］1996年、邦訳は正岡寛司監訳、早稲田大学出版部、1999年）

ニール・スティーヴンスン『スノウ・クラッシュ』（原著1992年、邦訳は日暮雅通訳、アスキー、1998年［『スノウ・クラッシュ〔新版〕』上・下、ハヤカワ文庫SF、2022年］）

フリードリッヒ・ヘーゲル『精神現象学』（原著1807年、邦訳はたとえば、熊野純彦訳『精神現象学』

宮台真司《みやだい・しんじ》

社会学者。大学院大学至善館特任教授。東京都立大学教授。東京大学文学部卒（社会学専攻）。学部と院で廣松渉・小室直樹に師事。1987年東京大学教養学部助手。1990年数理社会学の著作『権力の予期理論』で東京大学より戦後５人目の社会学博士学位取得。権力論・国家論・宗教論・性愛論・犯罪論・教育論・外交論・文化論で論壇を牽引。政治家や地域活動のアドバイザーとして社会変革を実践してきた。2001年から「マル激トーク・オン・ディマンド」のホストを務め、独自の映画批評でも知られる。社会学の主要著書に『私たちはどこから来て、どこへ行くのか』『日本の難点』（幻冬舎）、『14歳からの社会学』（ちくま文庫）、『ウンコのおじさん』『大人のための「性教育」』（ジャパンマシニスト社）、映画批評の主要著書に『正義から享楽へ』『崩壊を加速させよ』（blueprint）がある。

野田智義《のだ・ともよし》

大学院大学至善館 理事長・学長。特定非営利活動法人アイ・エス・エル（ISL）創設者。1983年東京大学法学部卒、日本興業銀行入行。その後渡米し、マサチューセッツ工科大学（MIT）より経営学修士号（MBA）、ハーバード大学より経営学博士号（DBA）を取得。ロンドン大学ビジネススクール助教授、インシアード経営大学院（フランス）助教授を経て帰国。既存のMBA教育に飽き足らず、2001年、財界トップ等120名の支援を得て独自の教育機関ISL（Institute for Strategic Leadership）を創設。大企業の経営幹部、社会起業家等約1,600名を輩出。2018年に、ISLを母体に至善館を開校し現在に至る。専攻は経営政策、組織戦略、リーダーシップ論で、インシアード在籍中には3年連続で最優秀教授賞を受賞。著書に『リーダーシップの旅』（金井壽宏氏と共著 光文社新書）がある。

大学院大学至善館とは

東京・日本橋に拠点をおく経営学修士号（MBA in Design and Leadership for Societal Innovation）を授与する文部科学省認可の大学院。欧米ビジネススクール教育を出発点としながらも、リベラルアーツ教育、デザインスクール教育、AIデジタル教育、心理学・コーチングによる内省学習を統融合した独自の全人格経営リーダーシップ教育を実践。経営リーダー（経営者、起業家、政策決定者）育成に特化した2年間の業務継続型プログラム（日本語・英語）には、約30カ国出身のビジネス、NGO、行政で働く160人の社会人学生が学んでいる。包摂的で持続可能な未来の実現に向け、ビジネスと社会の関係の再構築、イノベーションとヒューマニズムの両立、西洋の合理性とアジアの精神土壌の橋渡しを掲げ、欧州、インド、ブラジル他の世界有数の教育機関とアライアンスを組み、ビジネススクール（MBA）教育のパラダイム・シフトに挑戦している。

P.72掲載の写真を撮影された大竹静市郎さんを探しています。
ご連絡先をご存知の方がいらっしゃいましたら、編集部までご一報ください。

経営《けいえい》リーダーのための社会《しゃかい》システム論《ろん》
構造的問題《こうぞうてきもんだい》と僕《ぼく》らの未来《みらい》

2022年2月28日　初版第1刷発行
2023年1月25日　　　第5刷発行

著者
宮台真司　野田智義

装幀
竹内雄二

構成
秋山基

編集協力
福田恭子

発行者
三宅貴久

発行所
株式会社 光文社
〒112-8011 東京都文京区音羽1-16-6
電話　編集部：03-5395-8172　書籍販売部：03-5395-8116　業務部：03-5395-8125
メール　non@kobunsha.com
落丁本・乱丁本は業務部へご連絡くだされば、お取り替えいたします。

組版
萩原印刷

印刷所
萩原印刷

製本所
ナショナル製本

　ISBN978-4-334-95293-8